KB272896

전자 전송물과 관세

전자 전송물과 관세

박 영 기 著

머 리 말

　세계경제는 지금 정보기술과 인터넷의 발달로 전자상거래 시대로 진입하는 대변혁이 진행되고 있다. 향후 수년 내로 전자상거래 조류에 적응하지 못하는 국가나 기업은 21세기 무한경쟁에서 도태될 수밖에 없는 상황에 직면하게 될 것이다. 이러한 현실 속에 국제무역질서의 축을 형성하고 있는 WTO는 전자상거래라는 새로운 존재를 기존 질서 아래 수용할 수 있는지 아니면 새로운 질서와 규범을 만들어야 하는지를 놓고 논란을 거듭하고 있다.

　한편 전자상거래의 급속한 발달은 여러 측면에서 새로운 문제를 야기하고 있으며, 그중 하나가 관세부과 문제로서 과세차별과 관세수입 문제를 발생시키게 되었다. 즉 기존의 국제상거래에서 관세부과 대상이던 재화가 디지털 변환이 가능하여 인터넷이라는 전자매체를 통하여 주문이 이루어지고 그러한 전자적 전송물이 소비자에게 전달되어 과세 누락으로 인한 과세차별의 문제를 발생시키고 있다. 나아가 인터넷을 통한 상품주문이 늘어날 경우 기존매체를 통한 거래를 전자상거래가 급속히 대체할 가능성이 높아 관세수입이 줄어들 수 있다는 문제점이 야기되었다.

　따라서 본서는 세계무역기구(WTO)나 세계관세기구(WCO) 및 기타 이해집단과의 협의하에 관세부과의 방향과 이에 따른 관세행정 및 제도가 원활하게 구축·운영될 수 있도록 노력해야함을 전제로 하여 전자 전송물의 국제 전자상거래가 확산되면서 예상되는 관세문제를 진단하고, 전자 전송물이 인터넷을 통하여 국제간에 이루어지는 전자상거래에 대하여 관세를 부과할 수 있는 방안을 제시하는 데 있다.

　이러한 관점에서 본서에서는 디지털화되어 물품이 전송되어지면 반드시 그에 대한 반대급부인 대금결제가 있을 것이라는 데서 출발하였다. 따라서 인터넷을 통한 전자상거래에 관세를 부과하기 위해 거래대금의 결제과정을 추적하여 과세하는 것이 하나의 방안일 것이며, 현재의 주된 대금지급결제수단을 중심으로 하여 이에 대한 모델 설정을 통한 관세부과 방안을 모색해 보는 것이다.

본서는 현재 실제적인 부과방안을 제시한 연구는 없는 실정에서 현실적인 관세부과 모델을 제시한 연구라는 점에서 그 의의를 찾을 수 있을 것이나 제시한 방안들은 합리적으로 체계를 갖추지 못한 단순한 부과방안 제안모델에 불과하며, 이에 따른 업무의 부하나 행정 및 절차 등의 제반 여러 가지 문제가 발생할 것이다.

앞으로 인터넷 등의 전자매체를 통한 전자상거래는 계속 발전해 나갈 것이고, 이에 따른 결제에 있어서도 다양해지고 복잡해질 것이며, 전자결제시스템 또한 발전하고 변화되어 질 것이다. 앞으로의 연구는 이러한 전자결제시스템과 연계한 관세부과 모델이 보다 다양하고 심도 있게 다루어져야 할 것으로 생각되며, 아울러 시스템적으로 실제 적용 가능한 체계적이고 합리적인 대안들이 연구되고 검토되어져야 할 것이다.

또한 전자 전송물에 대한 국제적인 상황과 그에 대한 우리나라의 관세체계 정비는 중요한 의미를 가지고 있다. 이러한 상황하에서 전자 전송물에 대한 관세부과가 실효성과 정당성을 발휘하기 위해서는 관세부과시스템이 기존의 전통적인 상거래하의 관세제도와 균형을 이루고, 특히 형평성과 중립성 및 투명성을 통하여 관세부과 절차가 예측가능하고 공정성이 보장되어야 전자 전송물에 대한 관세부과가 정당성을 확보할 수 있을 것이다.

나아가 제도적 요소 측면을 살펴볼 때 전자상거래에 대한 법적, 제도적 차원의 기반확충과 지원은 중요한 사항일 것이다. 안전하고 신뢰할 수 있는 법적 기반을 구축함에 있어 현재의 관계법령들은 급성장하고 있는 전자상거래를 촉진하고 지원하는 데는 아직 미흡하다고 할 수 있다. 전자문서의 법적 효력, 전자서명 인증, 소비자 보호, 임의적 분쟁처리 절차, 지적재산권 보호, 개인정보 보호 등에 관한 법적·제도적 기반이 더욱 일관되고 체계적으로 정비되어야 할 필요성이 있을 것이다.

본서를 완성하기에는 많은 분들의 도움이 있었다. 단국대학교 김세영 교수님을 비롯하여 건국대학교 송희영 교수님, 명지대학교 박희종 교수님, 단국대학교 이승욱 교수님과 김성순 교수님의 학문적 조언은 본서를 완성하는 데 큰 도움이 되었으며, 이 지면을 통하여 감사의 마음을 전합니다. 또한 신상식 박사님과 강릉대학교 박형래 교수님의 격려와 조언에도 감사드리며, 특히 출판에 도움을 주신 한국학술정보사의 채종준 사장님과 권현옥 선생님을 비롯한 많은 분들께도 감사드린다.

2004년 6월

박영기

차   례

표 차례

그림 차례

제1장 서 론

제1절 연구의 목적과 범위

1. 연구의 목적

본 연구는 전자 전송물의 국제 전자상거래가 확산되면서 예상되는 관세문제를 진단하고 그에 대한 과세방법을 모색하는 데 있다. 또한 전자매체를 통하여 국제간에 이루어지는 전자상거래에 대하여 국제무역질서를 교란하지 않는 범위 내에서 관세를 부과할 수 있는 방안을 제시하는 데 있다.

국제적 동향을 살펴볼 때, 전자상거래를 주도하고 있는 미국은 관세부과에 대하여 부정적인 의견을 제시하고 나아가 무관세지역화를 주장하고 있다. 이러한 미국의 입장은 관세부과가 전자상거래 시장을 축소·왜곡시킨다는 것이며, 이면에는 인터넷을 통한 전자상거래 교역이 급증함에 따라 각국 정부 또는 지방정부가 이를 좋은 세원으로 보고 새로이 관세를 부과하려는 움직임을 사전에 차단하고, 무관세원칙에 대한 국제적 합의를 이끌어 냄으로써 전자상거래 시장의 패권을 더욱 견고히 하자는 의도를 내포하고 있다.

반면 전자상거래 수입국 입장인 인도, 파키스탄, 페루, 멕시코, 아르헨티나 자메이카 등의 개도국들은 미국의 무관세에 대하여 반대입장에 있다. 중국의 경우도 현재 전자상거래 육성보다 세금확보가 더 중요하

16

다는 인식하에 국제 전자상거래에 과세할 방침을 보이고 있다. 또한 유럽연합(EU)은 세계 유일의 수출국이자 강대국이며, 전자상거래를 주도하고 있는 미국이 세계무역기구를 통해 전자 전송물에 대해 무관세화를 주장하자 일정기간 동안의 관세부과 유예에는 동의하면서도 무역역조를 우려 이를 영구화하는 데는 반대입장을 보이고 있다.

그동안에 발표된 선행 연구들을 살펴보더라도 관세부과에 대한 국제 논의동향과 주요 이슈 및 관세부과 여부에 대한 쟁점 등에 관하여 서술하고 있을 뿐 실제적인 부과방안을 제시한 연구는 없는 실정이다. 따라서 본 연구는 전자 전송물의 국제 전자상거래에 대한 현실적인 관세부과 모델을 제시하는 논문이라 할 수 있다. 이러한 사유에서 관세당국 차원의 프로젝트성 연구를 기대하여 보며, 이런 맥락에서 본 연구가 미력하나마 후속연구들의 참고자료로 활용될 수 있을 것이다.

세계경제는 지금 정보기술(IT)과 인터넷의 발달로 전자상거래 시대로 진입하는 대변혁이 진행되고 있다. 향후 수년 내로 전자상거래 조류에 적응하지 못하는 국가나 기업은 21세기 무한경쟁에서 도태될 수밖에 없는 상황에 직면하게 될 것으로 보인다.

그러나 이러한 전자상거래의 급속한 발달은 여러 측면에서 새로운 문제를 야기하고 있으며, 그중 하나가 관세부과 문제로서 과세차별과 관세수입 누수문제를 발생시키게 되었다.[1] 즉 기존의 상거래에서 관세부과 대상이던 재화가 디지털 변환이 가능하여 인터넷 등의 전자매체를 통한 주문이 이루어지고, 그러한 전자 전송물이 소비자에게 전달되

---

1) 전자상거래의 발전은 기업과 일반 소비자에게 큰 편익을 주고 있고 이를 지향하는 것이 바람직한 현상이지만 전자상거래가 모든 면에서 긍정적일 수는 없다. 특히 국경개념이 없는 국제 전자상거래에 있어서 정부 고유의 권한을 발휘하기 힘들게 하는 대표적인 분야가 관세를 포함한 조세 분야로서 부정적인 영향을 주는 한 측면이라 하겠다.

는 경우 과세가 누락되어 과세차별의 문제를 발생시키고 있다.

또한 인터넷을 통한 상품주문이 늘어날 경우 기존매체를 통한 거래를 전자상거래가 급속히 대체할 가능성이 높아 관세수입이 줄어들 수 있다는 문제점을 야기하였다.

이러한 관점에서 본 연구는 디지털화되어 물품이 전송되어지면 반드시 그에 대한 반대급부인 대금결제가 있을 것이라는 데서 출발하고자 한다. 따라서 인터넷을 통한 전자상거래에 관세를 부과하기 위해 거래대금의 결제과정을 추적하여 과세하는 것이 하나의 방안일 것이며, 현재의 주된 대금지급결제수단을 중심으로 하여 이에 대한 부과모델 설정을 통한 관세부과 방안을 제시하는 데 목적이 있다.

세계는 지금 국가 간 전자상거래 즉 국제 전자상거래의 전쟁에 휩싸여 있다. 국제무역질서의 축(framework)을 형성하고 있는 세계무역기구(WTO)를 비롯한 국제기구들은 전자상거래라는 새로운 존재를 기존 질서 아래 수용할 수 있는지 아니면 새로운 질서와 규범을 만들어야 하는지를 놓고 논란을 거듭하고 있다.[2]

현재 정보통신 관련 기술의 급속한 발전으로 인류는 모든 면에서 획기적인 변화를 맞이하고 있으며, 인터넷의 비약적인 성장은 국제상거래 분야에 있어 기존 시장이 갖고 있던 지역적·공간적 한계를 극복하여 세계시장의 단일 경제권화를 빠른 속도로 진행하고 있다.

그러나 인터넷을 통한 국제상거래의 발전으로 인하여 정부는 인터넷상에서 고유의 권한을 발휘하기 힘들어 지는 딜레마에 빠지게 되었고,

---

2) 기존 WTO체제와 새로운 전자상거래체제는 상당기간 공존하며 끊임없는 갈등을 일으킬 전망이다. 두 체제가 언제까지 공존하게 될지, 한쪽을 흡수해 하나로 통합될지, 아니면 새로운 체제를 만들어낼지는 아직 미지수이며 일각에서는 전자상거래의 대두로 국제교역질서를 WTO의 상품과 서비스 교역체제가 아닌 새로운 디지털교역체제로 전환해야 한다는 목소리도 나오고 있다.

그 대표적인 사각지대가 관세를 포함한 조세 분야라 할 수 있다.

인터넷을 통한 국제 전자상거래에 있어서 관세와 관련된 주요 쟁점은 인터넷을 통해 거래되는 디지털재화 및 서비스에 대한 관세부과 여부이다. 디지털재화 및 서비스[3]의 경우 물리적인 운송과정 없이 인터넷상에서 운송이 이루어지는 데 따른 기술 및 관리상의 문제로 인해 관세가 부과되지 않았으나 인터넷 교역의 증대에 따라 관세부과 움직임을 보이고 있다.

그러나 미국은 국가 간 이동이 전자신호의 형태로 이루어지는 디지털재화에 대한 관세부과를 반대하는 반면 유럽연합(EU)은 동일한 상품인 실물재화와 디지털재화에 대해 이중의 과세체계를 갖는 문제점을 지적하면서 디지털재화에 대해서 관세부과의 입장을 보이고 있다.[4]

관세와 관련하여 발생하는 문제를 정리하여 보면 첫째, 전통적인 상거래에서 관세를 부담하던 재화가 인터넷을 통하여 소비자에게 전달되는 경우 거래수단별로 과세의 차별이 발생한다는 점이다. 둘째, 인터넷을 통한 재화의 거래가 늘어나면서 관세 및 수입부가가치세의 세수입(tax revenue)이 급속도로 줄어들 수 있다는 것이다. 셋째, 전자상거래에 대한 무관세 적용은 과세권의 문제와 같이 조세수입의 국가 간 배분문제를 야기할 수 있다는 것 등 크게 세 가지로 나누어 볼 수 있다.

특히 관세부과와 관련된 중요한 문제는 인터넷콘텐츠의 거래에서 발

---

3) 전자상거래의 등장으로 한국의 독자가 미국의 New York Times를 전자신문 형태로 download 받아보거나 한국의 변호사가 미국의 Westlaw사가 제공하는 법률정보를 한국에서 download 받아 이용하고 그 대가를 지급하는 경우를 예로 들 수 있겠다.
4) 세계 유일의 강대국이자 전자상거래를 주도하고 있는 미국이 세계무역기구(WTO)를 통해 디지털콘텐츠에 대해 무관세화를 주장하자 유럽연합(EU)은 일정기간 동안의 관세부과 유예에는 동의하면서도 무역역조를 우려 이를 영구화하는 데는 반대하는 입장을 표명하고 있다.

생하게 될 것이다. 물론 디지털로 변환이 가능한 음악, 비디오, 소프트웨어, 기술정보 등과 같은 재화들이라도 CD나 디스켓 등에 의한 물리적 형태는 관세선을 통과하므로 과세당국은 수출입허가와 관세를 자국이 법체계에 수행할 수 있다.

그러나 인터넷을 매체로 하여 직접 디지털로 변환된 재화가 수출입된다면 정부는 수출입 허가와 관세부과에 관한 개념이 확립되어 있지 못할 뿐만 아니라 관세부과에 대한 기술적 방법도 마련되어 있지 않아 어려움이 따르는 것이 현실이다.[5]

따라서 본 연구는 인터넷을 통한 전자상거래에 관세를 부과하기 위해 거래대금의 결제과정을 추적하여 과세하는 것이 하나의 방안임을 전제로 현재 사용 가능한 주된 대금지불 결제수단을 중심으로 관세부과 방안 모델을 제시하는 데 있다.

또한 본 연구는 국제 전자상거래의 자유무역 저해와 관세당국의 세수기반 확보를 통한 재정수입 증대 및 해당 산업의 국내 경쟁력 확보와 보호를 통해 자국의 이익을 실현하기 위한 것이 아니라 무관세화로 인한 충격완화와 불확실성에 대한 예방 및 대비책의 방안을 모색하는 데 있으며, 세계무역기구나 세계관세기구 및 기타 이해집단과의 협의하에 관세부과의 방향과 이에 따른 관세행정 및 제도가 원활하게 구축·운영될 수 있도록 노력해야 함을 전제로 하고 있다.

---

5) 인터넷 전자상거래에 대한 과세문제가 그동안 크게 부각되지 않았던 것은 기존 국제상거래와 달리 수출입절차를 거치지 않기 때문에 그 거래규모의 정확한 파악이 어려웠고, 상대적으로 거래규모가 작았다는 점도 그 이유일 것이다.

2. 연구의 범위

전자상거래의 유형은 상품의 주문·대금지불 등은 전자신호의 형태로 이루어지나 상품의 인도는 물리적인 운송수단이 개입되어 통관절차를 거치게 되는 오프라인(off-line)거래와 상품의 주문·대금지불 및 인도의 전 과정이 인터넷 등의 전자매체에서 전자신호의 형태로 이루어지는 온라인(on-line)거래로 크게 분류할 수 있다.

그러나 이러한 거래유형을 다시 세분하여 보면, 전자적으로 이루어진 거래가 상품의 물리적 운송과 결합하여 이루어진 온－오프거래(on-off line), 디지털화된 정보의 전달이 전자적으로 이루어지는 온－온거래(on-on line), 기존의 전통적 거래방식이나 전달에 있어서는 컴퓨터와 같이 전자상거래의 전제가 되는 상품의 무역이 이루어지는 오프－온거래(off-on), 전통적 거래방식과 CD나 테이프와 같이 소프트웨어나 음악 등 디지털화된 정보를 담고 있는 전달매체의 판매가 기존의 거래방식과 운송수단에 의해 이루어지는 오프－오프거래(off-off line)로 구분할 수 있다.

따라서 본 연구에서는 상기에 제시된 네 가지 거래유형에서 온－온라인거래와 오프－온라인 거래를 주 연구대상 범위로 설정한다. 이는 동일한 물품이라도 전자상거래를 통해 구매·수입되는 유형의 재화(온－오프거래)와 전통적인 거래유형의 수입물품(오프－오프거래)은 동일하게 물리적인 운송 및 세관통관절차를 거치므로 관세부과 대상이 되나, 전자상거래를 통하여 물리적인 운송방법이 아닌 구매·전송되는 무형의 디지털제품은 관세부과 대상이 되지 않아 과세차별 및 관세수입 누수 문제를 발생시키고 있기 때문이다.

제2절 연구의 방법 및 구성

1. 연구의 방법

전자상거래의 국제적인 거래에 있어서 현재 관세 측면에 미치는 영향과 관련한 실증적인 연구는 거의 없으며 아직 일천하다. 국제적인 논의 과정을 살펴보더라도 아직 문제의 제기수준과 초보적인 대안의 모색단계에 있다. 이러한 사유로 실증연구를 수행할 수 없는 실정이다. 따라서 본 연구의 방법은 사회과학적 연구방법 중의 하나인 문헌조사 방법을 통해 서술적으로 접근할 것이다. 즉 기존의 문헌연구를 중심으로 분석하고, 연구의 목적에 부합하는 방안을 제시할 것이다.

따라서 본 연구에서는 선행연구들이 아직 관세부과 모델을 제시하지 못하고 있음을 인식하여 우선 전자상거래에 대한 이론적 고찰을 통해 기본 개념을 정립한 후 현재 국제사회에서 논의되어지고 있는 사항을 나열하고, 특히 각국 간의 관세부과 여부에 대한 논의를 비교하여 어떤 의견이 상충(trade-off)하고 있는지 고찰해 볼 것이다.

그리고 우리나라의 전자상거래 및 전자 전송물물의 교역현황을 통계 자료를 통해 분석하고, 관세부과를 전제로 관세부과 모델 설정 시 고려사항을 고찰한 후 관세부과상의 문제점을 밝혀내어 전자 전송물의 국제 전자상거래에 대한 합리적인 관세부과 방안을 제시할 것이다. 이와 더불어 관련 국내법규의 검토사항에 관해서도 고찰해 볼 것이다.

2. 연구의 구성

본 연구의 구성체계는 다음과 같이 6개 장으로 설정한다.

우선 제1장 서론에 이어서 제2장에서는 전자상거래에 대한 일반적인 내용을 고찰하게 된다. 전자상거래와 전자무역의 정의, 법적 측면의 개념 및 전자 전송물의 개념, 전자상거래의 일반적인 효과 및 선행연구 등을 살펴본다.

제3장에서는 전자상거래에 관한 주요 쟁점을 경제적인 측면과 법적인 측면에서 살펴볼 것이며, 또한 주요 국제기구와 주요 국가에서의 논의 동향 및 교역 현황 등을 검토할 것이다. 제4장에서는 전자상거래에 대한 과세의 타당성에 대하여 검토할 것이며, 특히 국제간 전자상거래의 과세근거포착 방안과 지불수단에 관하여 살펴볼 것이다. 제5장에서는 전자 전송물 거래에 있어서 관세부과의 비용과 편익, 관세부과 징수에 있어서의 문제점과 주요 대금결제수단을 응용해 디지털 변환 및 가능 상품의 국제 전자상거래에 대한 관세부과 방안을 제시할 것이며, 이에 따른 국내법규도 검토할 것이다. 끝으로 제6장에서는 본 연구의 결론을 맺고자 한다.

〈그림 1-1〉 연구의 구성체계

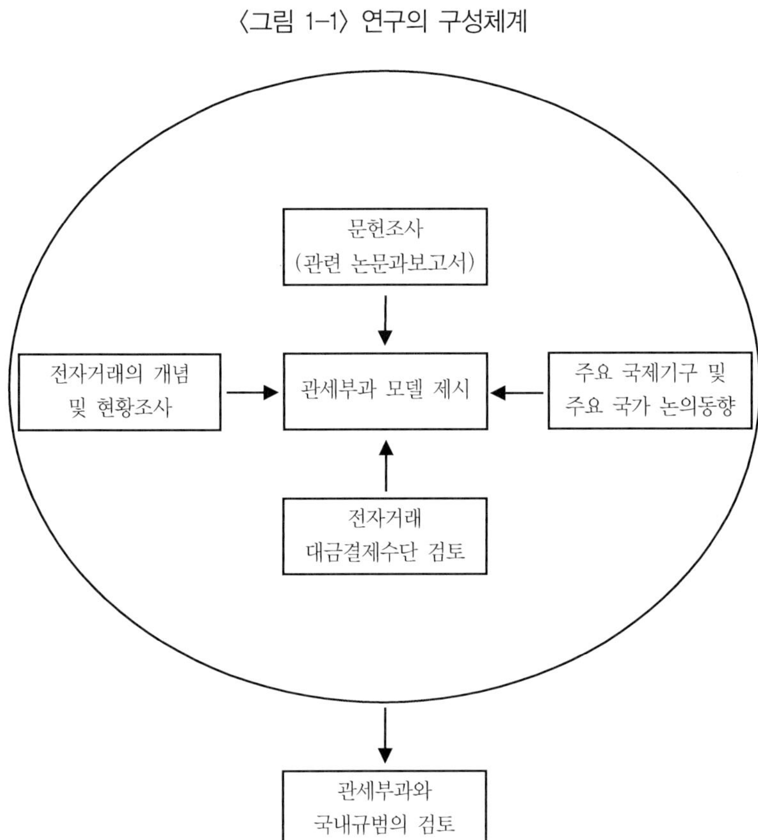

제2장 전자상거래의 효과와 선행연구 분석

제1절 전자상거래의 본질과 특징

전자상거래의 총체적인 의미를 지니고 있는 전자거래란 '정보통신기술을 바탕으로 컴퓨터와 같은 정보처리장치와 네트워크를 통하여 전자적인 방식으로 이루어지는 거래'를 말한다. 이러한 전자거래는 상거래뿐만 아니라 개인 간의 거래를 비롯한 각종 법률관계를 포함하는 것으로서 전자상거래[6]를 포괄하는 개념이라고 할 수 있다. 우리나라의 전자거래기본법 제2조 4호에 의하면 '전자거래라 함은 재화나 용역의 거래에 있어서 그 전부 또는 일부가 전자문서[7]에 의하여 처리되는 거래'라 정의하고 있다.[8]

또한 산업기술기반 조성에 관한 법률에서는 EDI(Electronic Data Interchange)를 전제로 하여 "공동의 표준을 사용하여 전자화한 상업적인 거래"로 전자상거래를 정의하고 있다.[9]

그러나 단순하게 보아 전자상거래가 '컴퓨터 등을 통한 상거래'라고 한다면, 전자거래는 '컴퓨터 등의 전자매체를 통한 거래'라고 할 수 있

---

6) 전자상거래의 법적 개념에 대해서는 아직 학문적으로 일치된 정의가 이루어지고 있지 않다.
7) 전자거래기본법 제2조 제1호의 규정에 의하면, 전자문서란 컴퓨터 등 정보처리능력을 가진 장치에 의하여 전자적 형태로 작성되어, 송·수신 또는 저장되는 정보를 말한다.
8) 전자거래기본법 제2조 제4호.
9) 산업기술기반 조성에 관한 법률 제2조 제5호.

고, 따라서 전자거래에 관한 논의의 대부분은 그대로 전자상거래에 적용될 수 있을 것이다.

본 절에서는 중요한 의미를 지니고 있는 전자상거래와 전자상거래 영역 중에서 국제거래를 지칭하는 전자무역의 개념과 특징에 대하여 살펴보기로 한다.

1. 전자상거래의 본질

최근 인터넷[10]의 급속한 성장은 산업혁명 이후 최대의 사회변혁을 초래하는 디지털 혁명의 근간이 되고 있다. 인터넷은 우리 일상생활의 변화를 주도할 뿐만 아니라 기업경영에 있어서도 매우 중요한 주체로 등장하게 되었으며, 개인과 기업경영, 나아가 국가의 경쟁력 우위를 위한 필수적인 요소가 되었다. 즉 이러한 디지털 혁명의 근간이 되는 인터넷은 기존의 상거래 시스템의 장을 새롭게 열어가면서 사회 전반에 파급되는 힘을 지니게 된 것이다.

이러한 현실에서 인터넷의 생활화와 함께 나타난 용어가 전자상거래[11]로서 이는 인터넷이 통신수단으로서의 기능을 뛰어 넘어 기업경영

---

10) 인터넷의 개념은 예전부터 있어왔지만 오늘날처럼 이렇게 많은 사용자를 갖추게 된 원인은 정보통신(IT) 분야 기술의 발전과 함께 제공 가능한 정보의 형태가 다양한 멀티미디어 형태로 발전되었기 때문이라 할 수 있다.

11) 전자상거래라는 용어의 기원뿐만 아니라 개념 자체에 대해서도 현재까지 많은 논란이 있으나, 국내에서 일반적으로 전자상거래라고 지칭되는 Electronic Commerce라는 용어는 1989년 미국의 국립 로렌스 리버모어 연구소(Lawrence Livemore National Laboratory)에서 미국 국방성의 프로젝트를 수행하면서 처음으로 사용된 이후, 1993년 미국 연방전부가 조달행정업무의 효율화에 Electronic Commerce를 표방하면서 확산되었다고 볼 수 있다.(노승혁, "인터넷 전자상거래의 사회·경제적 파급효과에 대한 고찰", 한국국

과 일상생활 변화의 의미로 확대되어 조직과 개인의 상호간에 다양한 미디어를 통해 상품과 서비스를 교환하는 것을 의미한다.

전자상거래는 빠른 속도로 발전하고 있는 인터넷 관련 정보기술을 활용하여 모든 거래활동을 전자적으로 수행하고, 신속하고 정확한 정보를 공유함으로써 기업의 이윤을 극대화하고 있다.

일반적으로 전자상거래란 '기업이나 소비자가 컴퓨터 통신망에서 행하는 광고·발주·구매 등의 모든 경제활동으로 상품이나 서비스거래의 전 과정을 전자적 수단과 기법을 이용하는 행위'를 말한다. 여기서 거래행위의 전 과정이란 상품이나 서비스에 대한 정보 제공 및 수집·주문·접수·대금결제 및 상품 발송 등 일련의 상거래 흐름을 뜻하며, 전자적 수단과 기법을 이용한다는 것은 서류에 의존하던 기존의 상거래 흐름을 인터넷이라는 정보통신 기술을 이용하는 것을 의미한다.[12]

전자상거래는 인터넷이 보편화되기 이전에도 기업 간 문서를 전자적 방식으로 교환하거나 PC통신의 홈쇼핑·홈뱅킹 등 다양한 형태로 존재해 왔으나, 인터넷이 대중화되면서 전자상거래는 인터넷상에서의 거래와 관련지어 생각하게 되었다.

협의의 전자상거래란 인터넷상에 홈페이지로 개설된 상점을 통해 실시간으로 상품을 거래하는 것을 의미한다. 거래되는 상품에는 전자부품과 같은 실물뿐 아니라, 원거리 교육이나 의학적 진단과 같은 서비스도 포함된다. 또한 뉴스·오디오·소프트웨어와 같은 디지털 상품도 포함되며, 이들의 비중이 점차 높아지고 있다.

광의의 전자상거래는 소비자와의 거래뿐만 아니라 거래와 관련된 공급자, 금융기관, 정부기관, 운송기관 등과 같이 거래에 관련되는 모든 기관과의 관련 행위를 포함한다. 전자상거래 시장이란 생산자(producers)·중

제상학회, 「국제상학」 제14권 제2호, 1999. 5., p.317. 참조).
12) 김영락, 『디지털시대의 전자상거래개론』, 두남, 2001, pp.33-34.

개인(intermediaries)·소비자(consumers)가 디지털 통신망을 이용하여 상호 거래하는 시장으로 실물시장(physical market)과 대비되는 가상시장(virtual market)을 의미한다.[13]

즉 전자상거래는 온라인 네트워크를 통해서 이루어지는 모든 형태의 거래를 지칭하며, 최근에는 인터넷을 활용하는 데에만 국한하지 않고 전화, TV, 케이블TV, CD롬 등을 이용한 전자카탈로그, 사내전산망 등 다양한 정보통신 매체를 이용하여 상품과 서비스를 전자적으로 유통시키는 모든 유형의 상업적인 행위를 뜻하는 것으로 확대되고 있다.[14]

또한 전자상거래를 통해 교환되는 상품 및 서비스에는 가구나 의복과 같은 물리적인 상품 이외에도 컴퓨터 소프트웨어, 영상오락물, 정보서비스, 전문가컨설팅, 금융서비스, 교육 광고 등과 같이 전송 가능한 디지털 상품 및 서비스를 포함하고 있다.[15]

1980년대 중반 이후 전자상거래는 전자자료교환 혹은 전자문서교환(Electronic Data Interchange : EDI)과 비슷한 뜻으로 사용되어 왔는데, 이는 기업들이 비즈니스를 전자적으로 수행할 수 있도록 지원해주는 컴퓨터 간의 인터페이스를 의미한다. EDI는 구입주문서나 송장(Invoice)과 같은 표준 비즈니스 문서들을 전자 문서화하여 교환하는데 사용하는 표준방법으로 이러한 교환은 보통 사설 부가가치 통신망(VAN)상에서 행해진다. EDI의 최종목적은 기업 간의 회계와 구입 등을 담당하는 현장의 비즈니스 애플리케이션들이 인간의 개입 없이 서로 자동적으로 통신하도록 하는 것이었다.

그런데 웹(Web)이 폭발적으로 발전하면서 인터넷에 접속되어 있는

---

13) http://kr.encycl.yahoo.com/final.html
14) 박노형 외, "전자상거래 관련 국제규범의 제정 동행과 내용 분석", 삼성경제연구소 외부전문가 기고, 2000. 12, p.3.
15) 백주현·천세학, 『디지털경제와 e-비즈니스』, 두남, 2001, p.79.

사람이면 누구나 사고파는 것에 대해 커뮤니케이션이 가능하게 되었다. 이로 인해 전자상거래는 단순히 실제 사고파는 행위 이상의 의미를 가지게 되었으며, 전자상거래는 정보를 교환하고 정보 자체를 상품으로 팔 수 있는 가능성을 열었다. 고가의 사설 VAN이 아닌 저렴하고 대중적인 인터넷을 사용함으로써 새로운 형태의 전자상거래는 더욱 접근이 쉽게 되었고, 새로운 형태의 비즈니스 기회도 늘어나게 되었다.[16]

〈표 2-1〉 주요 국제기구 및 국가의 전자상거래 정의

		정 의
OECD		·문자, 소리, 시각이미지를 포함하여 디지털화된 정보의 전송, 처리에 기초하여 이루어지는 모든 형태의 상업적 거래
	광 의	·가계, 기업, 정부, 그리고 기타 영리·비영리 기관 간에 컴퓨터 네트워크(computer mediated network)를 통해 수행된 상품이나 서비스의 판매 및 주문
	협 의	·가계, 기업, 정부, 그리고 기타 영리·비영리 기관 간에 인터넷 프로토콜에 기반한 네트워크(internet protocol based network)를 통해 수행된 상품이나 서비스의 판매 및 주문
WTO		·명확한 정의는 없으나 전자적인 수단에 의한 상품 및 서비스의 생산, 유통, 마케팅, 판매 및 전달을 의미하는 것(일반이사회)
미 국		·상품이나 서비스의 소유권 또는 권리의 이전을 포함하는 컴퓨터를 매개로 한 네트워크상에서 완료되는 거래
EU		·텍스트, 음성, 화상 등을 포함한 데이터의 전자적인 처리와 전송을 기반으로 기업의 업무를 전자적으로 수행하는 방식
일 본		·전자적 네트워크상에서 상거래 및 이것을 유인하기 위한 선전·광고의 일부 또는 전부를 행하는 것
한 국		·재화나 용역의 거래에 있어서 전부 또는 일부가 전자문서에 의하여 처리되는 거래(전자거래기본법)

자료: 서병조, "OECD를 통한 전자상거래 질서 정립", 주OECD대한민국대표부, 2002. 1. 8. 및 박노형 외, "전자상거래 관련 국제규범의 제정 동향과 내용분석", 삼성경제연구소 외부전문가기고, 2000. 연구자 정리.

---

16) http://pro-web.suwon-c.ac.kr/~james/MultiBook/ASP/15/asp15-1.htm

전자상거래는 기존의 전통적인 상거래와 많은 차이점을 보이고 있다. 예를 들면 유통경로에 있어서는 중간상인이 배제되었고, 거래시간은 한정된 영업시간에서 24시간 거래가 가능케 되었으며, 거래장소 역시 한정된 물리적 시장과 점포에서 인터넷이라는 가상공간에서 거래가 이루어진다.

<표 2-2> 전통적 상거래와 전자상거래의 비교

	전통적 상거래	전자상거래
유통채널	기업 – 중간상인(도소매) – 소비자	기업 – 소비자
거래시간	한정된 영업시간	24시간
거래장소	판매공간 필요	cyberspace
거래대상지역	한정된 일부지역	전 세계
거래수단	물리적 장비 및 시설	컴퓨터/통신기기
거래비용	토지, 건물 등 대규모 비용	
마케팅활동	구매자의 의사와 관계없는 일방적 마케팅	쌍방향 통신을 통한 1대1 interactive marketing
고객대응	needs 포착이 어렵고 대응지연	needs를 신속히 포착 즉시 대응
고객수요파악	시장조사 및 영업사원이 획득 (정보 재입력 필요)	온라인으로 수시 획득 (digital data)
결제수단	현금, 수표, 신용카드 등 외상, 연불 허용	신용카드, 전자화폐, 전자수표 및 전자자금이체 등
거래서류	다량 필요	불필요하거나 대폭 축소
거래상 문제점	과다한 거래비용 및 시간소요 거래상의 불편	개인정보 누출 및 악용 우려, 지적재산권의 침해, 과세문제 등

자료: 김인구, 『전자상거래 이론과 실제』, 두남, 2000, p.13. 및 박노형 외, "전자상거래 관련 국제규범의 제정 동향과 내용분석", 삼성경제연구소 외부전문가기고, 2000, p.3. 연구자 정리.

한편 전자상거래의 형태는 거래 주체별에 따라 기업과 기업 간의 거래(Business to Business EC), 기업과 소비자 간의 거래(Business to Consumer EC)와 조직 내의 거래(Intraorganizational to Administration EC)로 나누어 볼 수 있다.[17]

즉 전자상거래는 기업, 정부, 개인의 세 가지 종류의 기본적인 구성원 내에서, 그리고 구성원들 간에 발생할 수 있다. 정부 조달이나 관세와 국내 소비세 등과 같은 행정 기능과 관련해서 기업과 정부 간에 상당한 양의 전자상거래 활동이 이루어지고 있지만, 현재 대부분의 전자상거래는 기업 대 기업(B2B) 간에 발생하고 있다.[18] 전자상거래 시설이 특히 개인들에게 보다 광범위하게 이용 가능해지면 이러한 현상은 급격하게 변화할 것이다.

기업과 소비자 간 전자상거래는 상품의 생산자나 판매자들이 소비자들을 상대로 가상의 공간인 인터넷에서 상점을 개설하고 상품을 판매하는 전자소매에 해당하는 것으로 World Wide Web(WWW)의 보급과 더불어 급속도로 성장한 유형이라 하겠다. 주요 취급 상품으로는 서적과 같은 지적 저작물이나 브랜드 등 확실한 소비재 상품들이며, 대금결제는 전자결제를 통하여 이루어진다. 인식이 부족한 공산품은 신뢰기반이 취약하기 때문에 활성화되기에는 한계점이 있다.

---

17) http://www.shopland.co.kr/neo/4-4.html
18) 기업 간 전자상거래는 사설망이나 부가가치통신망 등의 네트워크 상에서 기업 간 주문 및 송장, 대금 지불 등 제반 업무가 이뤄지는 것을 말한다. 이는 무역업 및 제조업의 부품조달 분야에서 주로 활용되고 있으며, 금융업 등 타 업종으로 점차 확대되고 있는 추세이다. 기업 간 전자상거래는 세계 전자상거래 시장가운데 약 80%를 차지하고 있으며 초기에는 기업 간 커뮤니케이션의 수단으로 활용되었으나 최근 들어서는 조달, 운송, 판매, 고객서비스 등 상거래 관련 기업활동을 보다 효율적으로 수행할 수 있도록 지원하는 성격이 강하다. 특히 기업들의 업무프로세스의 개선을 통한 저비용 운영구조 구축 및 대고객서비스 강화를 위해 활용되고 있다.

물리적 상품의 거래에 있어서는 물리적 상품의 기업과 소비자 간 거래 형태로 지금까지 인터넷 비즈니스의 가장 흔한 형태이며 기업이 개인 소비자에게 제품을 판매하는 거래 유형이다. 가격 경쟁력 이외에 다른 차별성을 가져야 하며, 물리적 상품의 특성상 디지털 상품처럼 미리보기(Preview) 등의 사전 경험을 제공하는 데는 한계가 있으므로 간편한 쇼핑 절차와 구매절차를 지원하여 고객이 구매를 하는 데 어려움을 겪지 않도록 배려해야 하는 단점이 존재한다.

디지털 상품의 거래에 있어서는 디지털 상품은 그 특성상 디지털화된 상태로 존재, 유통, 소비되기 때문에 거래의 용이성 및 고객에게 구매의 확신을 심어주기 위해서는 거래 성립을 위한 개념설명 및 절차의 상세한 정보 제공이 필수적이다. 디지털 상품의 구체적인 내용의 제공을 위해서는 디지털 컨텐츠의 해당 프로세스 내용을 미리보기나 쉐어웨어 프로그램 등의 형태로 사전 경험을 제공함으로써 고객들의 판단을 효과적으로 도와줄 수 있어야 한다.

현재 기업 대 개인 간(B2C), 개인 대 개인 간(C2C), 그리고 정부의 서비스를 제공하는 정부 대 개인 간(G2C)의 전자상거래는 비교적 작은 규모로 발생하고 있다. 그럼에도 불구하고 우리는 개인을 대상으로 하는 전자상거래가 가까운 장래에 경제적으로 중요한 위치를 확보할 것이고, 이러한 결과는 모든 기업활동에 영향을 미칠 것으로 예상되고 있다.

또한 전자상거래 확산은 기존의 조세 및 관세의 변화로 정부수입에 영향을 주고, 통화 및 지불 제도에 대한 새로운 제도의 도입 및 거래인증·거래보안·대금결재·소비자보호·지적소유권 보호 등에 관하여 새로운 정책을 수립토록 하고 있다.

전자상거래로 인하여 기업은 내부적으로 고객서비스를 향상시켜 비용을 절감하며, 외부적으로는 시장이 전 세계로 확대되어 나갈 것이다.

전자상거래로 이루어지는 경제활동을 디지털경제(digital economy)라 하며, 미래는 실물경제와 디지털경제가 경제활동의 양대 축을 이룰 것으로 전망되고 있다. 전자상거래는 정보통신기술과 정보시스템 개발기술의 발전으로 나타나는 새로운 사회제도이며 새로운 문화라 할 수 있다. 이는 인간의 경제생활은 물론 의식구조와 사회구조에 획기적인 변화를 초래하는 계기가 될 것이다.

2. 전자무역의 개념과 특징

(1) 일반적인 개념과 특징

전자무역의 개념은 아직 확고하게 정립되어 있지 않다. 전자무역의 개념이 확고하게 정립되지 못하고 있는 가장 큰 이유는 기술발전에 따라 전자무역이란 개념이 변화될 수 있기 때문이다. 즉 현재 알고 있는 기술보다 더 발전된 새로운 기술이 출현하고, 이 기술을 활용하여 무역이 보다 원활하게 이루어질 수도 있기 때문이다. 그러나 이러한 기본적인 제약에도 불구하고 인터넷 등 정보통신기술을 활용하는 새로운 무역방식을 전자무역이라고 한다.[19]

일반적으로 전자무역(Electronic International Trade)이라 함은 인터넷 등 전자통신망을 통하여 수행하는 수출입거래 및 관련 활동을 말한다. 이는 전자상거래 중에서 국제거래를 지칭하는 것으로 볼 수 있다.

흔히 전자무역, 사이버무역(Cyber trade), 인터넷 무역[20] 등 용어가

---

19) 이성봉·심상렬·왕중식, 「전자무역의 최근동향과 활성화 방안」, KIEP, 정책자료 01-05, 2001. 12, p.19.
20) 인터넷 무역이란 인터넷을 통하여 수출입 행위의 전부 또는 일부가 행해

34

혼용되어 쓰이고 있으나 엄밀히 말하면 사이버무역의 법적인 표현이 전자무역이고[21], 인터넷 무역(Internet trade)은 사이버무역 혹은 전자무역의 일부분에 해당된다.

사이버무역이란 무역업무에 인터넷과 무역자동화라는 의미로 사용된 EDI(Electronic Data Interchange)[22] 등의 제반 정보통신 네트워크를 통해 이루어지는 국제간의 다양한 재화와 서비스의 거래를 말한다.[23]

인터넷 무역의 정의는 아직 관련된 연구자에 따라 조금씩 다르고, 또 인터넷이란 특성상 계속적으로 새로운 분야가 파생되고 있는 만큼 정확히 정의하기는 어렵지만 현재까지 발표된 자료를 정리하면, 인터넷 무역이란 전자상거래(E-Commerce), 전자무역(E-Trade)의 일부로 무역거래 당사자가 인터넷을 이용하여 자사 상품 정보를 바이어에게 홍보하고 거래선을 발굴하여 실거래를 유도하는 것이라고 말할 수 있다.

즉 가상공간인 인터넷(Internet)을 통해 국제간에 상품이나 서비스를

지는 무역을 말한다. 그러나 현시점에서 인터넷 무역이라고 하는 것은 전통적인 무역과 비교해 볼 때 무역계약체결이전의 수출입행위가 주로 인터넷을 통하여 이루어지고 있으며, 계약체결 이후는 아직 전통적인 무역의 방식에 따라서 많이 행해지고 있다. 물론 이는 전자화폐의 개발과 같은 전자결제시스템이 완벽하게 기능을 하게 되면 많은 부분이 인터넷으로 대체될 수 있다.

21) 학계나 언론계에서 널리 사용하고 있는 사이버무역(Cyber trade)이라는 용어는 2000년 12월 29일 대외무역법 개정 시 법률적 용어로 전자무역이라는 명칭을 채택하였다.

22) EDI란 다른 조직 간에 거래를 위해 인편이나 우편을 이용하지 않고 통신회로를 개입하여 표준적인 규약에 따라 표준양식으로 된 전자서류를 컴퓨터로 상호 교환, 통신하는 것을 의미한다. 구체적으로는 기업거래를 수행하고 자료를 이용하기 위하여 한 기업의 컴퓨터가 다른 기업의 컴퓨터와 직접 통신하는 것이나 표준화된 양식을 통해 전자적 형태의 직접적인 자료의 교환 즉 약정된 양식에 의한 구조화된 사업정보의 교환 등 광의의 개념에서 업무자동화라 볼 수 있다.

23) 백주현·천세학, 「디지털경제와 e-비즈니스」, 두남, 2001, p.283.

사고파는 것으로서 컴퓨터 통신망이 구성하는 가상공간 자체가 시장이고, 인터넷 접속 이용자가 고객이 되는 것이다. 이러한 거래는 물리적 공간으로서의 시장이 필요 없다는 점에서 전통적인 상거래와는 많은 차이가 있다.

인터넷 무역거래에서는 수출업자가 자기회사의 상품을 웹사이트(Web Site)를 통해 인터넷 시장에 내놓거나 반대로 수입업자가 웹사이트에 구매 청약(Offer)을 게시할 경우, 수출입업자 상호간에 이메일(e-mail)을 통해 가격상담과 계약체결이 이루어지게 되는 것이다. 인터넷으로 무역을 할 경우 저렴한 비용으로 자사 상품의 광고와 새로운 거래선의 발굴은 매우 용이하지만 아직은 전자결제시스템 미비, 네트워크(Network) 인증기관의 문제, 수출입 업체의 신용이나 거래내용의 보안유지 문제 등이 남아 있어 이에 대한 기술적인 보완이 필요한 상황에 놓여 있다.

이를 종합하여 전자무역의 개념을 정리해 보면, 무역의 절차를 인터넷과 EDI 등 각종 정보통신기술을 이용하여 전자적으로 처리함으로써 시간과 공간의 제약 없이 무역거래와 관련한 직접 및 간접 업무를 신속하고 정확할 뿐만 아니라 효율적으로 처리하는 일련의 과정이라고 할 수 있다.

(2) 대외무역법상의 개념

1998년 '전자상거래 활성화 종합대책'이 발표되면서 전자무역을 촉진시키기 위한 추진과제 중 하나가 대외무역법령을 전자무역 지원법령으로 개정하는 것이었다. 이에 산업자원부는 1999년 10월 26일 대외무역법 개정시안을 발표하였고, 이 같은 내용을 골자로 하는 대외무역법 개정안이 2000년 10월 16일 국무회에서 최종 확정되어 국회를 통과한 후 2001년 3월부터 시행되고 있다.

2000년 12월 29일 개정·신설된 대외무역법에 의하면,[24] 전자무역은 사이버무역(Cyber trade)의 법적 용어로서 전자무역은 무역의 전부 또는 일부가 컴퓨터 등 정보처리능력을 가진 장치에 의하여 정보 통신망을 통하여 이루어지는 거래[25]로서 거래선 발굴, 상담, 계약, 서류처리, 통관, 인도 등 전통적인 무역절차의 전부 또는 일부를 전자적으로 처리하는 새로운 무역패러다임을 말한다.

개정된 대외무역법에 따라 음악파일, 게임 소프트웨어 등 디지털컨텐츠(전자적 전송물)를 해외에 온라인으로 수출하는 기업도 수출기업으로 인정받아 무역금융이나 벤처지정, 병역지정업체 추천과 같은 수출지원 혜택을 받을 수 있게 되었으며, 그동안 가상공간을 통한 기업 간(B2B) 전자무역거래 시 가장 문제점으로 손꼽혔던 거래 상대방의 신원보장, 신용정보, 인터넷 EDI서비스 등을 제공하는 정부 공인 전자무역중개기관이 출범하게 되어 전국 어디에서나 전자무역에 필요한 모든 정보와 서비스를 쉽게 접할 수 있게 되었다.[26]

---

24) 개정 배경은 IT기술의 발달로 인터넷으로 바이어를 찾아 상담하고 전자문서로 업무를 처리하는 새로운 형태의 무역이 크게 확산되고 있고, 무역으로 분류되지는 않으나 소프트웨어와 같은 디지털컨텐츠를 통신망을 통해 인도하는 국제적인 온라인거래도 증가 추세에 있고, 세계적으로 전자무역에 대한 정의 및 이에 대한 지원제도가 확립되어 있지는 않으나 새로운 무역시장 형성에 대비하여 전자거래의 소비자 보호, 전자결제시스템 개발 등 각국이 제도정비 노력을 강화하고 있기 때문이었다.
25) 대외무역법 제2조 6호.
26) 한상현·엄광렬, 「전자무역시대를 위한 무역관계법규」, 두남, 2001. 8, p.51.

<표 2-3> 전자무역 관련 규정(대외무역법)

대외무역법	제1장 총칙	제2조(정의)
	제2장의 2 전자무역의 촉진	제9조의 3(전자무역의 촉진을 위한 종합정책의 수립, 시행) 제9조의 4(전자무역중개기관의 지정 등) 제9조의 5(전자무역중개기관 지정의 취소)
대외무역법 시행령	제1장 총칙	제2조의 3(전자적 형태의 무체물)
	제2장 통상의 진흥	제18조의 5(전자무역중개기관 지정기준) 제18조의 6(전자무역중개기관 운영위원회의 구성, 기능 등) 제18조의 7(위원회의 회의 등) 제18조의 8(위원회 운영세칙) 제18조의 9(중개기관 진정신청 및 지정절차)
대외무역법 관리규정	제1장 총칙	제1-0-2조의 3(전자적 형태의 무체물) 제1-0-2조의 4(전자적 형태의 무체물의 수출입) 제1-0-5조(전자무역중개기관 지정신청 및 지정 절차 등)

자료: 대외무역법 및 시행령, 관리규정에서 연구자 정리.

또한 대외무역법에서는 2001년부터 국가 간 온라인으로 거래되는 영화, 애니메이션, 소프트웨어 등을 대외무역법상 전자적 형태의 무체물[27]로 정의하고 이를 수출입으로 인정함으로써 무역의 개념을 확대하였다.

---

27) 대외무역법시행령 제2조의3(전자적 형태의 무체물) 법 제2조 제1호에서 "대통령령이 정하는 전자적 형태의 무체물"이라 함은 다음 각호의 1에 해당하는 것을 말한다. 1. 소프트웨어산업진흥법 제2조제1호의 규정에 의한 소프트웨어, 2. 부호·문자·음성·음향·이미지·영상 등을 디지털방식으로 제작하거나 처리한 자료 또는 정보 등으로서 산업자원부장관이 정하여 고시하는 것, 3. 제1호 및 제2호의 집합체 기타 이와 유사한 전자적 형태의 무체물로서 산업자원부장관이 정하여 고시하는 것

<표 2-4> 전자무역 관련 규정(기타 규범)

전자거래기본법	전자서명법
(목적) - 전자문서에 의하여 이루어지는 거래의 법적 효력 부여 (주요 내용) - 전자문서의 효력 - 전자서명의 효력 - 개인정보의 보호 - 사이버몰 운영자의 의무 - 공인인증기관의 지정 - 전자거래촉진시책의 수립·시행 - 한국전자거래진흥원 - 전자거래에 관한 국제협력 - 소비자보호	(목적) - 전자문서의 안전과 신뢰확보를 위한 전자서명의 기본 사항 규정 (주요 내용) - 전자서명의 효력 - 공인인증기관 지정 - 공인인증기관의 인증업무준칙 - 인증서의 효력 - 인증관리체계의 안전 확보 - 개인정보 보호 - 외국정부와의 상호 인정
전자무역 촉진에 관한 법률	무역거래기반 조성에 관한 법률
(목적) - 무역절차의 간소화와 무역정보의 신속한 유통 실현으로 무역업무의 처리시간과 비용절감 (주요 내용) - 전자무역기반사업자 - 전자무역기반시설의 이용 - 전자무역문서의 보관 및 증명 - 전자무역문서의 보안 및 관리 - 전자무역전문서비스업자 - 전자무역 기술개발의 추진	(목적) - 무역거래기반을 체계적으로 조성 (주요 내용) - 무역거래기반 조성계획수립 - 전자무역거래기반의 확충 ·전자무역전시회 개최 ·중소기업 지원 ·전산관리체계의 개발 - 무역정보의 유통촉진 ·무역정보의 수집·가공·분석 ·무역정보망 구축·운영 - 국제협력의 촉진 - 무역거래기반조성위원회 구성

자료: 이성봉·심상렬·왕중식, 「전자무역의 최근동향과 활성화 방안」, 대외경제정책연구원, 정책자료 01-05, 2001. 12, p.25 및 전자무역법 연구자 보완

이러한 법적 및 제도적 기반 확립은 전자무역을 활성화시키고 촉진하는 데 중요한 요소라 할 것이다.[28] 즉 제도적 요소는 전자무역거래에 대한 법적, 제도적 차원의 기반과 관련된 사항들로서 전자무역거래가 기존의 서류를 매개로 한 무역거래와 동일한 효력이 있도록 법적 기반이 조성되어야 전자무역이 이루어 질 수 있다.

그러나 안전하고 신뢰할 수 있는 법적 기반을 구축함에 있어 현재의 관계법령들은 확대일로에 있는 전자무역거래를 촉진하고 지원하는 데는 미흡하다고 할 수 있다. 전자문서의 법적 효력, 전자서명 인증, 소비자 보호, 임의적 분쟁처리 절차, 지적재산권 보호, 개인정보 보호 등에 관한 법적·제도적 기반이 더욱 일관되고 체계적으로 정비되어야 할 필요성이 있다.

3. 전자 전송물의 개념

전자 전송물이란 디지털화가 가능한 상품 및 서비스를 의미한다. 즉 전자 전송물이란 디지털화된 상품 혹은 디지털 콘텐츠[29]를 의미하는 것으로 컴퓨터 시스템이 받아들일 수 있도록 비트(bit)[30]화된 모든 것

---

28) 전자무역의 구성요소를 크게 제도적 요소, 기술적 요소, 상업적 요소 등 세 가지로 구분할 수 있다. 여기서 기술적 요소는 다량의 전자적 무역거래가 원활하게 이루어질 수 있도록 필요한 하드웨어, 소프트웨어, 통신망 등의 구비를 통한 기술적 차원의 기반을 의미하며, 상업적 요소란 전자적으로 무역 관련 비즈니스를 수행할 수 있는 상업적 기반의 구축을 의미하는 것으로 대상 상품과 콘텐츠, 관련 물류 및 결제, 전자무역 전문인력 및 참여기관 등이 해당된다.
29) 콘텐츠(Contents)의 사전적 의미인 내용물은 그것을 담는 용기인 미디어(media)를 전제로 하며 멀티미디어에서 제공되는 모든 자료를 의미한다.
30) 비트(bit)란 컴퓨터가 일을 하기 위하여 사용되는 컴퓨터 내부의 최소한의

을 지칭한다.

그러나 디지털 콘텐츠를 제작, 유통, 소비하는 각 부문의 비즈니스를 포괄하는 디지털 콘텐츠 산업에 대한 정의와 범주는 사용자, 생산자 혹은 유통업자 등의 입장에 따라 상이하게 정의되고 있다.[31]

우리나라에서는 디지털 콘텐츠 산업을 경쟁적으로 추진하는 정보통신부, 문화관광부 등에서 콘텐츠산업의 정의 및 분류에 대해 언급하고 있으나 입장차이를 보이고 있다.

우선 정보통신부에서는 디지털 콘텐츠를 '첨단 IT기술을 사용하여 부호·문자·음성·음향·영상 등을 디지털 포맷으로 가공, 처리하여 정보통신망, 디지털 방송망, 디지털 저장매체 등을 통하여 활용하는 정보'라고 정의하고 있다.[32]

또한 정보통신부는 디지털 콘텐츠를 다양한 네트워크를 통해 유통되는 거의 모든 정보를 망라하는 것으로 보고 산업군의 정의에 있어서도 특히 'PC통신이나 유무선 인터넷 등 정보통신망을 통해 제작, 유통, 소비되는 콘텐츠와 DVD, CD-ROM 등 오프라인으로 제작, 유통, 소비되는 콘텐츠와 관련된 산업'이 디지털 콘텐츠산업이라 정의하고 있다.

반면 문화관광부에서는 기존의 아날로그 문화 콘텐츠를 중심으로 디지털 콘텐츠산업을 구분하고 있다. 디지털 콘텐츠 정의 자체는 폭넓게 해석할 수 있지만 출판, 영상(영화, 비디오, 애니메이션), 게임, 음반, 신문·잡지, 방송, 광고, 캐릭터 등 8개의 디지털 콘텐츠 산업으로 분류하고 있다.

다음의 〈표 2-5〉은 비트(bit)화된 전자적 전송물의 분류를 예시한 것이다.

처리를 위한 단위를 말한다.

31) 윤창인, "WTO의 전자 전송물 분류에 대한 논의 및 우리의 대응", 국제규범 워킹그룹, 한국전자거래진흥원, 2002. 1., pp.83-84.

32) 정보통신부, 디지털 콘텐츠 산업 발전종합 계획, 2001. 5. (http://www.mic.go.kr).

〈표 2-5〉 전자 전송물(디지털제품)의 분류

구 분	예 시
오락/취미	·유료게임과 도박을 포함한 화상게임 ·저명인사 혹은 공통관심사에 관한 토크쇼와 뉴스그룹 (전자우편, 음성전화, 웹캐스팅의 이용) ·경기상황의 생중계를 포함한 스포츠뉴스와 정보 ·화상 및 텍스트 형태의 성인용 자료
뉴스매체	·축적 기사 검색기능을 포함한 유료 온라인 뉴스, 여론 및 분석 ·온라인 잡지
도서·도서관 및 집적자료	·발간물의 다운로딩 ·도서관, 자료집적과 콘텐츠 ·문서의 번역
시청각 및 원거리 통신	·영화 및 비디오: 온라인 주문 및 배달 ·음악: 뉴스와 정보, 포스터, CD, 테이프, LP판, 악보 및 오페라 또는 콘서트 실황비디오와 입장권 등의 온라인 주문 ·웹TV 또는 웹 라디오를 통한 전송 ·인터넷 전화 서비스 ·전자메일 혹은 음성우편
정보기술	·온라인 정보, 자료처리 및 자료의 저장과 검색 ·소프트웨어 ·CD롬
전문서비스	·법률자문 및 문헌 ·건축, 설계도서와 디자인 ·원격지 회계, 부기 및 세무담당 ·기술자문 ·의료상담, 예방의학 상담
컴퓨터와 기술	·하드웨어 및 소프트웨어 설치 및 유지보수 자문 ·원격데이터처리 ·기술적·창조적인 콘텐츠 서비스를 포함하는 웹사이트 구축과 유지보수
연구개발	·정보의 원격지 조사 및 제공
기업정보	·다른 웹사이트에서 이용가능한 상품 및 서비스의 안내

구 분	예 시
계 약	·입찰 및 계약내역 기록 및 제공
기타 기업활동	·광고, 시장조사, 경영자문, 기술적 실험결과의 전송, 사진 및 인쇄 또는 출판서비스
조 달	·소매 및 도매조달, 입찰 및 조달
금 융	·금융시장정보: 시세, 중개자, 현금트레이딩 및 보험서비스
교 육	·개별학생 또는 학급을 위한 원격학습자료(시험포함) ·대학 등 교육기관을 위한 행정처리 대안의 제공 ·교사 능력개발 프로그램 ·전자우편 또는 음성전화를 통한 고급 음악세미나 ·정보접근 및 이용 학습도구 ·원격지 타 지역 학교 간의 연계 통신구축 ·고용 및 전문직업교육 및 개발

자료: 윤창인, "WTO의 전자 전송물 분류에 대한 논의 및 우리의 대응", 국제규범 워킹그룹, 한국전자거래진흥원, 2002. 1, pp.99-100.

제2절 전자상거래의 일반적 효과분석

전자상거래는 기존의 상거래가 가지고 있던 시간적·공간적 한계를 뛰어넘어 교역 물품을 생산자와 소비자가 직접거래를 할 수 있다는 점이다. 이로 인하여 생산자는 관리비와 물류비 등을 절감하여 가격 경쟁력을 확보할 수 있으며, 인터넷 등 전자매체를 통해 전 세계적으로 광고 및 홍보됨으로써 거래 대상지역이 지구촌 전역으로 넓어짐에 따라 자연스러운 시장 개척효과를 얻을 수 있다.

또한 전자상거래는 모든 의사소통이 데이터화되어 컴퓨터로 자료가 보내지고 저장됨에 따라 자료의 데이터베이스화가 용이해지며, 각종 자료의 분석 및 통계처리가 수월해져 업무의 능률화와 더불어 소비자의 요구를 신속히 포착하여 즉시 대응할 수 있는 적극적인 소비자 관리를 기할 수 있다.

소비자는 지구촌의 다양한 상품을 24시간 아무 때나 원하는 곳에서 상품의 가격·성능·사양 등의 비교를 통해 보다 낮은 가격으로 구매할 수 있으며, 전자화폐의 발달과 더불어 소비자는 자신이 원하는 방식으로 대금을 결제할 수 있다. 또한 최종소비자도 직접 바로 생산자와 연결이 된다는 전자상거래의 특성상 제품에 대한 자신의 요구사항이나 의견을 직접 생산자에게 전달할 수 있어 구매자의 의사가 실제 거래행위에 더욱 적극적으로 반영될 수 있다는 점이다.

이러한 전자상거래의 효과를 정리하여 보면 〈그림 2-1〉과 같으며, 이를 다시 〈표 2-6〉과 같이 기업과 소비자 측면으로 나누어 전자상거래의 긍정적인 효과와 부정적인 효과를 살펴보기로 한다.[33]

---

33) http://net-in.co.kr/remant/bottom/ecm4.html

<그림 2-1> 전자상거래의 효과

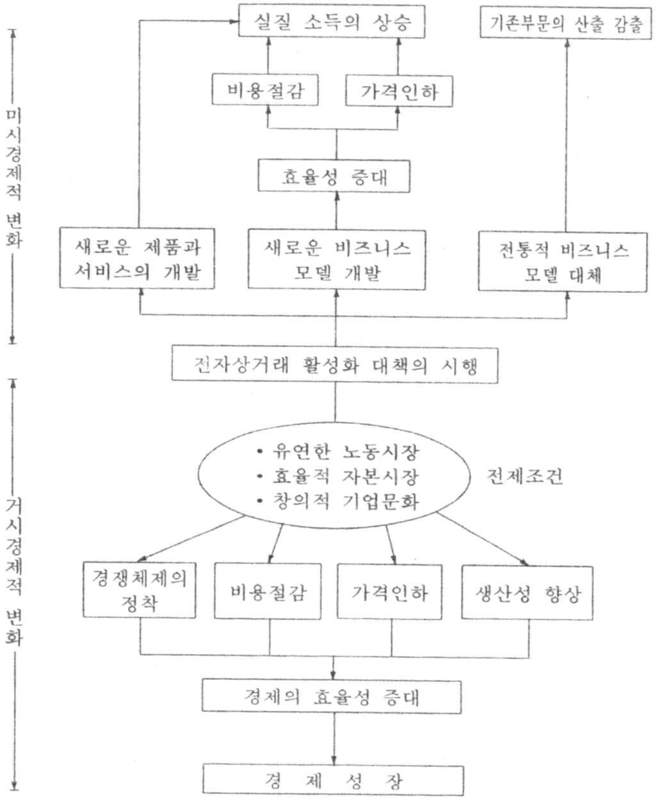

자료출처: 김기홍 외 4인, "디지털경제와 인터넷 혁명", KIEP 정책연구, 2000. 4, p.56.

첫째, 구매자 비용의 절감이다. 인터넷이라고 하는 전자적으로 개방된 시장에서 공급업체 간에 경쟁이 심화되어 저렴한 가격으로 구매가 가능하다.

둘째, 공급자 비용의 절감이다. 인터넷으로 통하여 입찰정보 DB접속, 입찰서 제출 결과조회가 가능해 대면을 통한 입찰 시 발생하는 불필요한 비용이 절감된다.

셋째, 신규시장 개척이 용이하다. 인터넷을 이용하여 자사에 대한 각종 정보가 시간적 제약이나 지리적 제한을 벗어나 지속적으로 제공됨으로써 잠재고객에 대해 쉽고 저렴한 마케팅이 가능하다.

넷째, 상거래의 시간을 단축시켜준다. 전자거래는 구매를 위한 시스템이 상호 연결되어 각 단계별 및 세부과정 간의 시간지연이 제거되어 상거래의 신속화를 가져다준다.

다섯째, 제품이 다양화되고 품질이 개선된다. 전자상거래를 통해 경쟁이 심화되어 제품사양이 표준화되고 제품의 품질이 개선되며, 시장의 확대와 함께 제품의 주문생산이 이루어져 제품의 다양화가 이루어진다.

여섯째, 재고관리비용과 불량재고에 의한 리스크를 경감시킨다. 즉 전자거래를 통하여 주문생산이 활성화되고 제품이 다양화되면 즉시적 재고관리와 통합화 제조기술을 통해 제품이나 서비스에 대한 요구를 전자적으로 연결시킬 수 있어 재고관리비용과 불량재고에 의한 리스크가 경감된다.

일곱째, 간접비를 절감한다. 전자적 데이터에 의한 관련 자료의 신속한 집계 즉 관리과정의 표준화, 자동화, 대규모 통합을 통하여 간접비를 절감한다. 즉 관리과정의 표준화, 자동화, 대규모 통합을 통하여 간접비를 절감한다.

여덟째, 환경보호에 기여한다. 전자거래는 종이에 의한 문서작성을 최소화하여 종이 낭비나 보관을 위한 공간사용을 억제하고 상거래를 위해 움직이지 않고도 전자적으로 정보를 얻기 때문에 이동에 따르는 공해물질을 줄일 수 있어 환경적으로도 유익한 효과를 가져다준다. 다음의 〈표 2-6〉는 전자상거래의 일반적인 효과를 요약·정리한 것이다.

<표 2-6> 전자상거래의 긍정적 및 부정적 효과

기 업		소비자	
긍정적 효과	부정적 효과	긍정적 효과	부정적 효과
상품 판매와 관련된 고정비, 간접비 감소 (점포, 종업원 등 물류비용 감소)	유통업체의 쇠퇴 (매출감소, 마찰)	저렴한 가격으로 상품구입	개인정보의 유출 및 불법적 사용 우려
전 세계 대상으로 24시간 사업가능	브랜드력이 강한 대형업체의 국내 시장 잠식 우려	신속하고 편리한 구매 기능	불량품, 반품의 어려움 (특히 해외거래 시)
사업영역의 확대 및 신규사업의 진출	·	상품선택의 폭 확대	거래의 안정성 미흡
마케팅 커뮤니케이션 (판매자와 고객 간의 양방향 대화 가능)	·	대량의 제품정보에 대한 접근용이	·

자료출처: http://net-in.co.kr/remant/bottom/ecm4.html에 근거하여 작성.

1. 기업 측면의 효과

기업 측면에서 전자상거래의 긍정적 효과는 시간적·공간적 한계를 극복할 수 있다는 점에서 그 파급효과를 살펴볼 수 있다. 첫째, 고정비용 및 간접비용을 절감할 수 있다. 인터넷 전자상거래는 네트워크를 이용한 상거래로 판매거점 즉 상점이나 점포가 필요 없어 건물·토지의 임대나 구입, 종업원 고용 등에 소요되는 비용이 절감된다. 특히 S/W의 경우 인터넷상에서 제품이동이 가능하여 절감효과는 더욱 크다.

둘째, 시간적 공간적 한계를 극복할 수 있다. 영업시간의 제약 없이 24시간 거래가 가능하며 전 세계를 상대로 영업이 가능하기 때문에 신규시장의 개척이나 시장영역을 확대할 수 있다.

셋째, 마케팅 성과를 높일 수 있다. 인터넷 등의 매체를 통한 전자거래는 고객과 기업 간의 쌍방향 통신이 가능하고, 고객이 원하는 제품에 대한 정보 획득이 용이하여 기업이 구매자의 욕구에 맞는 제품을 개발·판매할 수 있어 기업이 적극적인 마케팅을 구사하여 성과를 높일 수 있다.

넷째, 가격 경쟁력을 제고시킨다. 제품 및 서비스의 판매·운송에 있어서 도·소매상 등의 중간유통단계를 생략함에 따른 유통비(운송비, 점포유지비, 유통마진 등)를 절감할 수 있어 시장에서 가격 경쟁력을 확보할 수 있는 기반을 조성한다.

다섯째, 대금결제가 간편하다. 대금결제도 네트웍을 통한 신용카드, 사이버 캐쉬(Cyber Cash) 혹은 전자화폐로 이루어져 대금회수가 편리하다. 이와 같은 효과들로 인해 24시간 열린 가상공간(CyberSpace)에서의 전자상거래는 점차 확산될 것이다.

반면 전자상거래로 인한 기업의 부정적인 효과는 크게 두 가지로 나누어 살펴 볼 수 있는데 제품 간의 경쟁심화, 유통구조 변화로 인한 경영난 등이다.

첫째, 제품 간의 경쟁이 심화된다. 전자거래는 가상공간을 통해 무한한 정보를 제공하기 때문에 소비자에게 제품에 대한 정보습득이나 구입에 따른 비용을 대폭 절감시켜 제품 간 경쟁을 심화시키는 문제점을 안고 있다. 이러한 경우 브랜드 이미지가 좋은 상품의 판매가 확대될 것으로 기대되며 브랜드의 중요성이 보다 커지게 된다. 따라서 인지도가 낮은 중소기업의 입지는 더욱 불안해질 수도 있다. 반면에 중소기업의 경우 세계시장에의 진출이 가능함에 따라 경쟁의 압박과 함께 확대의 기회도 제공된다.

둘째, 유통채널의 변화에 따른 경영상 어려움이 발생할 수 있다. 도·소매상의 생략 등 유통채널의 단순화는 비용을 감소시키는 효과를 가져오게 될 것이다. 그러나 도매상, 중간상, 대리점, 할인점 등의 유통구조를 급격히 쇠퇴시켜 일시적으로 급격한 매출 감소를 초래할 수 있는 문제를 안고 있다.

2. 소비자 측면의 효과

전자상거래의 효과를 소비자 측면에서 접근해 볼 때, 긍정적 효과는 편리성·경제성, 가격인하, 비교성, 만족성, 편리성 및 시간과 비용의 절감 등으로 나누어 살펴볼 수 있다.

첫째, 편리하고 경제적이다. 물리적인 시장에 나가지 않고 집이나 사무실에서 쇼핑, 구매, 대금결제까지 할 수 있어 편리하다. 또한 소비자는 정보 탐색의 시간 및 비용을 절감할 수 있어 경제적인 이익을 동시에 얻을 수 있다.

둘째, 저렴한 가격으로 제품을 구입할 수 있다. 진입장벽이 낮아 기업 간의 가격 경쟁 심화, 유통채널의 단순화로 중간상의 이윤 배제, 쇼핑몰 운영비가 저렴하다는 등의 이유로 소비자에게 낮은 가격으로 제품을 제공하게 된다.

셋째, 비교 쇼핑이 가능하다. 시간상의 제약 없이 소비자는 언제나 인터넷을 통하여 전 세계의 제품을 화면상에서 비교하여 쇼핑할 수 있다.

넷째, 자신의 욕구에 맞는 제품을 구입할 수 있다. 인터넷상에는 가상백화점이 수많은 종의 상품을 전시하고 있고, 이러한 가상쇼핑몰에서 상품검색 기능으로 활용하여 용이하게 제품을 선택할 수 있다. 또한 소비자와 기업 간의 양방향 통신을 통해 소비자는 자신의 욕구를 전달할 수 있으며, 불만이 있는 경우 즉각적인 조치를 받을 수 있다.

다섯째, 심리적으로 편안한 상태에서 쇼핑이 가능하다. 기존의 상거래 방식은 제품을 구입하기 위해 백화점이나 시장 또는 상점을 방문하게 되는데 이때 종업원 불친절이나 강매에 따른 심리적 압박을 받게 된다. 그러나 전자거래는 풍부한 제품정보를 가지고 편안한 상태에서 쇼핑할 수 있다.

여섯째, 시간을 줄이고, 일시적인 충동구매를 감소시킨다. 전자거래에서는 정보탐색 시간 및 비용이 저렴하여 충분한 사전조사를 통하여 구매할 수 있어 일시적인 충동구매가 감소하고 계획구매가 이루어진다.

반면 부정적인 효과를 살펴보면, 첫째, 실제감 부족으로 인한 반품 및 환불이 어려움이 있다. 소비자는 인터넷을 이용한 가상쇼핑몰에서 제품을 보고 구매하게 되는데 구매 후 불만족이 발생할 수 있다. 이때 반품 및 환불이 어렵다는 문제가 발생하게 되는데, 특히 그 제품을 해외시장에서 구입한 경우에는 더욱 어렵게 될 것이다.

둘째, 개인정보의 보호가 어렵다는 점이다. 인터넷상에서는 구매 후 일반적으로 신용카드로 대금지불을 지불하게 되는데 이때 보안기술이 미흡하여 개인정보가 노출되어 악용될 가능성이 있다.

전자상거래의 효과를 살펴 볼 때, 전자상거래는 전통적인 상거래의 패러다임을 현저히 변혁시켰을 뿐 아니라 개별경제·국민경제·세계경제 등 각 경제주체에 영향을 주고 있다. 전자상거래는 세계분업구조의 개편, 국가정책 및 제도의 개편, 조세관할권의 왜곡, 유통혁명의 초래, 상품의 세계화 촉진, 중간상의 쇠퇴, 세계화의 촉진 등 긍정적 효과와 부정적 효과가 광범위하게 나타나고 있다.[34] 특히 전자상거래의 부정적인 파급 효과를 주는 부분에 있어서는 기술적 및 제도적으로 정비가 필요할 것이다.

---

34) 신현종·최경규, "인터넷 전자상거래의 효과와 과제", 영남대학교 산업연구소, 「산업연구」 제8집, 2000. 6, pp.75-100.

제3절 전자 전송물에 관한 선행연구 분석

본 연구는 국제시장에서 급속히 발전하고 있는 전자상거래와 관련하여 발생하는 조세쟁점, 즉 관세문제와 관련된 쟁점을 분석하고 대응방안을 제시하는 것이다. 그러나 국내외를 막론하고 이와 관련한 연구가 아직 미약한 실정이다. 그러나 최근 이 문제에 대하여 국내외적으로 연구가 진행되고 있고, 특히 WTO, OECD 등의 주요 국제기구 및 미국, EU 등의 주요 국가를 중심으로 전자상거래의 관세문제와 관련한 연구가 진행되고 있다. 특히 이들 국제기구 및 주요 국가는 국제사회에 큰 영향을 미치고 있으며, 이에 대한 연구논의는 제3장 제2절에서 살펴보기로 한다.

우선 본 연구의 분석대상을 설정해 주고 있는 전자 전송물의 거래유형에 관한 선행연구를 WTO를 중심으로 살펴보고, 다음으로는 관세부과 문제의 쟁점을 어떻게 접근하고 분석하고 있는지 관련된 대표적인 연구인 Mattoo외(2001), 최병철(2001), 김영춘(2001), 송선욱(2001), 오웅탁 외(2001), 그리고 국제조세 측면에서 부가가치 문제를 심도 있게 다루고 있는 서희열 외(1999), 정규언 외(1999) 등의 선행연구를 분석해 볼 것이다.

1. 거래유형에 관한 선행연구

기존의 전통적 시장이 갖고 있는 시간적·공간적 제한을 초월하여 국경 없이 전 세계를 하나로 묶는 사이버시장(cyber market) 또는 범세계시장(global market)을 통하여 새로운 거래형태의 경제활동이 부각되고 있다. 이러한 전자상거래는 일반적으로 서적, 의류, 전자제품 등과 같이 형체가 있는 제품을 전자적 방법으로 주문하고 물리적인 운송과정을 거쳐 수요자에게 배달되는 off-line 거래[35]와 소프트웨어, 영화, 음악 등과 같이 형체가 없는 제품을 전자적 방법으로 주문하고 전자적 전송 (Download)으로 수요자에게 전달되는 on-line 거래[36]로 구분할 수 있다.

즉 전자상거래의 유형에는 아날로그형태의 물품과 디지털화된 형태의 물품으로 크게 구분되어 질 수 있다. 아날로그형태는 우리가 현재 경험할 수 있는 상거래를 예로 들 수 있으며, 이러한 상거래의 물품을 디지털화된 형태로 전이시키거나 새로운 형태의 정보를 가공하는 정보제품, 지적재산권의 정보서비스 및 소프트웨어 등은 새로운 유형의 네트워킹 상품이 될 것이며, 디지털화된 형태의 대표적인 예로 부상될 것이다.

현재 on-line 전자상거래를 통한 무형의 제품 수입은 세계무역기구에서 무관세화 하기로 잠정 결정하고 있어 관세부과 대상이 아니나, off-line 전자거래를 통한 유형의 제품 및 CD, DVD 등 기록매체에 저장된 영화, 음악, S/W 등 디지털제품의 수입은 우편이나 항공, 선편의 운송수단을 이용한 특급탁송으로 반입되는 것으로 일반수입물품과 같이 관세법상 과세대상으로서 세관의 통관절차를 거쳐야 하며, 현행 관세법 등 무역관계법규에서 정한 수입요건을 갖추고 관세를 납부하도록 되어 있다.

---

35) off line 거래란 거래의 유인, 설립단계는 전자통신을 통한 사이버스페이스에서 이루어지나 성사된 거래의 이행은 현실세계에서의 방식과 동일하게 행하여지는 경우를 말한다. 예를 들면 인터넷 꽃집, 인터넷 옷가게, 인터넷 자동차판매 등을 들 수 있다.

36) on line 거래란 거래의 체결은 물론 그 이행도 전부 사이버스페이스상에서 이루어지는 경우를 말한다. 예를 들면 인터넷을 통한 소프트웨어 판매, 인터넷 게임(스타크래프트와 같은 네트워크 게임 등), 인터넷 학원, 인터넷 바둑, 인터넷 증권거래 등을 들 수 있다.

Clarke(1997)[37]의 연구에 의하면 전자상거래를 통하여 거래되는 상품과 서비스는 크게 물리적인 상품과 디지털화된 상품, 또는 정보중심적(infocentric)[38]인 것과 비정보중심적(non-infocentric)[39]인 것으로 구분하였다.

이러한 상품의 거래는 구매에서 대금결제까지의 과정이 전자적으로 일괄 처리되는 방식과 물리적 처리단계를 거치는 거래방식으로 나누어진다. 거래활동적인 측면에서는 직접 또는 간접적인 거래로 구분하며, 직접적인 형태의 전자거래는 컴퓨터 소프트웨어, 오락물 또는 정보서비스와 같이 전자거래 환경하에서 주문과 결제 및 배달이 완결되는 형태이다. 간접적인 형태의 전자상거래는 유형(tangible)의 상품에 대한 주문만을 전자적으로 처리하고, 배달은 우편 혹은 택배를 통해 이루어지는 형태를 말한다.

이러한 직접적이거나 간접적인 전자거래는 상품특성의 영향을 받으며 유통구조에 변화를 주게 된다. 예를 들면 소프트웨어를 판매하는 기업은 전자상거래를 통하여 프로그램을 다운로드 받을 수 있게 함으로써 소비자와 생산자 사이에 직접판매가 이루어지게 하거나 CD에 수록하여 소매점을 통해 간접판매 할 수도 있다.

이와 같이 소프트웨어를 인터넷을 통해 판매하면서 CD에도 수록하여 판매하는 방식으로 동일한 사업 분야에서 직접적인 상거래와 간접적인 상거래가 동시에 행해질 수도 있다. 궁극적으로 디지털화된 형태

---

37) Clarke, R., "Electronic Commerce: Themes of the Last Decade, and the Next", the 10th Bled International Electronic Commerce Conference, June 1997.(http://www.anu.edu.au/people/Roger.Clarke/EC/Bled97.html)
38) 정보중심적(infocentric)이란 소비의 가치가 정보로서 주어지는 것을 의미한다.
39) 비정보중심적(non-infocentric)이란 옷과 같이 상품의 가격, 색상, 브랜드, 사이즈 등이 정보로서 가치가 있고 소비과정(옷을 입는 것)에서는 정보가 가치를 부여하지 못하는 상품과 서비스를 말한다.

로 제공될 수 있는 상품과 서비스[40]는 직접적인 전자상거래의 대상이 되며, 지리적 경계를 뛰어 넘는 전 세계적인 전자시장에서의 잠재력이 커지게 된다 할 것이다.[41]

정규언·구상희·박정언(1999)[42]의 연구에서는 세 가지 유형으로 나누어 구분하고 있다. 첫째는 우편주문판매 등과 동일하게 검색과 주문은 인터넷으로 하고 재화의 배달(운송)은 전통적인 우편배달 등을 이용하는 방식이다. 즉 제품검색, 협상, 구매주문, 지불 등의 일부 또는 전부는 인터넷을 이용하나 제품인도는 인터넷 외부에서 이루어지는 홈쇼핑 등이 그 예이며 이러한 판매를 오프라인(off-line) 재화거래라 하였다.

둘째는 디지털로 변환이 가능한 컴퓨터 소프트웨어(software), 게임, 음악, 사진, 비디오, 영화, 논문, 재무정보, 온라인 서적, 기술정보 등을 디지털화 하여 다운로드 등의 방식을 통해 판매하는 거래로서 이를 온라인 컨텐츠(on-lone contents)거래라 하였다.

세 번째 유형은 주식중개서비스, 티켓구입 알선, 건강관리 및 상담, 전문적 회계자문 및 법률자문, 홈뱅킹, 도박, 광고서비스, 전화서비스 등 각종 서비스를 인터넷을 통해 제공하는 거래로서 이를 인터넷 서비스거래로 분류하였다.

한편 세계무역기구(WTO) 상품무역이사회[43]에서는 전자상거래가 어

---

40) 디지털화가 가능한 상품 및 서비스는 출판물, 데이터(통계자료), 참고정보(사전류), 뉴스, 기상정보, 음악방송 또는 음성정보, 텔레비전 또는 화상회의, 상호작용적 전화통화, 원격회의, 동화상, 그래픽, 도표, 오락, 광고, 교육용 멀티미디어, 공연예약과 티켓구입, 일반적인 소프트웨어, 보험, 금융서비스(전자지불, 주식, 외환, 선물거래) 등 매우 다양하다 할 것이다.
41) 조원길, 「전자상거래 입문」, 두남, 2001, p.9.
42) 정규언·구상희·박정우, "국제 전자상거래의 효과적인 부가가치세 과세방안으로서 지불기관 대리납부제도에 관한 연구", 한국세무학회 1999년 「추계학술발표대회 논문집」, p.72.
43) WTO, G/C/W/158, 26 July, 1999, para. 2.

떻게 이루어지고 있는지 그 형태와 관련하여 다음 네 가지 형태의 거래 유형을 제시하고 있다.

첫째, 전자적으로 이루어진 거래가 상품의 물리적 배달과 결합하여 이루어지는 on-off line 거래, 둘째, 컴퓨터와 같이 전자상거래의 전제가 되는 상품의 무역이 이루어지는 off-on 거래, 셋째, CD나 테이프와 같이 소프트웨어나 음악 등 디지털화된 정보를 담고 있는 전달매체의 판매가 이루어지는 off-off line 거래, 넷째, 디지털화된 정보의 전달이 전자적으로 이루어졌을 경우의on-on line 거래로 유형을 분류하였다.[44]

본 연구에서는 WTO에서 제시하고 있는 상기의 네 가지 거래유형에서 on-on 거래와 off-on 라인거래를 주 연구대상 범위로 한다. 이는 동일한 물품이라도 전자상거래를 통해 구매·수입되는 유형의 재화(on-off 거래)와 전통적인 거래유형의 수입물품(off-off 거래)은 동일하게 물리적인 운송 및 세관통관절차를 거치므로 관세부과 대상이 되나, 전자상거래를 통하여 물리적인 운송방법이 아닌 구매·전송되는 무형의 디지털제품은 관세부과대상이 되지 않아 과세차별 및 세수입 감소 문제를 발생시키고 있기 때문이다.

그러나 이들 거래에 대하여 관세부과 측면에서 우리나라는 WTO와 OECD 등의 국제적 논의 추이 및 과세기술의 발전 등에 주시해야 할 것이며, 관세부과에 대한 국제적 상황을 제대로 파악하여 이에 적극적으로 참여함으로써 국제적 합의를 도출하고 나아가 국제적으로 마찰이 없는 정당한 관세부과가 될 수 있도록 해야 할 것이다.

---

44) 현재 WTO는 이러한 거래유형에 있어 on-off 거래와 off-off 거래의 경우에는 상품무협정(GATT)을 적용할 수 있지만 off-on 및 on-on 거래의 경우는 그 전달매체가 담고 있는 내용물이 관세평가 대상인지에 따라 상품무역협정의 적용여부를 결정해야 하며, 특히 on-on line의 경우는 상품무역협정을 적용하기 어려울 것이라는 입장을 보이고 있다.

2. 관세부과에 관한 선행연구

전자 전송물이 인터넷으로 다운로드 되는 국제 전자상거래에 대하여 관세가 부과되어야 한다는 논의도 제기되고 있지만, 관세를 부과할 수 있는 현실적인 방안은 제시되지 못하고 있다. 그러나 인터넷을 통한 교역이 증대함에 따라 수입국 정부를 중심으로 세수확보 차원에서 관세부과 움직임을 보이고 있다.

그러나 전자상거래의 역사가 오래되지 않아 관세 및 조세문제에 대한 연구는 아직 미약하며, 특히 관세부과에 대한 연구는 더욱 열악한 상황이다. 관세부과 방안에 대한 연구는 국내외적으로 아직 제기수준에 불과하며, 부과모델을 제시하고 있는 연구는 아직 없는 실정이나 상대적으로 이와 유사한 맥락을 가지고 있는 부가가치세 부과모델에 대한 연구는 많은 진척을 보이고 있다.

현재 국제 전자상거래에 대한 관세부과 연구는 아직 많지 않을 뿐더러 그 내용에 있어서도 지금까지는 부과유무에 대한 쟁점에 초점이 맞추어져 있으나 관련 선행연구를 살펴보면 다음과 같다.

우선 Mattoo, Perez-Esteve, Schuknecht(2001)[45]의 연구는 디지털화된 미디어제품의 관세수입 자료를 근거로 현재 WTO의 전자상거래에 대한 무관세로 인하여 관세수입의 손실에 대한 회원국들의 우려는 크게 문제가 되지 않음을 주장하고 있다.

디지털화된 미디어 제품에 대하여 가중평균 실행관세율(Weighted Average of Applied Tariffs)을 살펴볼 때, 태국(24.2%), 모로코

---

45) Mattoo, A., Perez-Esteve, R. and Schuknecht, L., "Electronic Commerce, Trade and Tariff Revenue: A Quantitative Assessment", Blackwell Publishers Ltd., 2001, pp.955-970.

56

(29.2%), 한국(21.1%), 인도(26.0%) 등의 국가는 20% 이상 고율의 관세를 적용하고 있으나 대부분의 국가의 실행관세율은 10% 이하이며, 1996년을 기준으로 할 때 세계 전체적으로 관세수입은 약 8억 5천만 달러에 불과하다는 것이다. 이 또한 유럽연합, 중국, 한국이 관세수입의 절반을 차지하고 있으며, 평균적으로 디지털화된 제품의 관세수입은 총 관세 수입의 1% 미만이며, 정부 총 수입의 0.03%에 불과하다는 것이다.[46]

따라서 디지털화된 미디어 제품이 전자상거래에 의해 on-line으로 인도되어진다 하더라도 대부분의 국가에서 관세수입의 손실은 미미할 것이며, 무관세화로 인한 관세수입의 손실에 대한 회원국들의 우려는 크게 문제가 되지 않을 것이라 하였다. 국내에 있어서도 최병철(2001)[47]의 연구가 이 연구의 예를 들어 무관세로 인한 관세수입의 손실 우려는 크게 문제되지 않을 것임을 언급하고 있다.

그러나 Mattoo, Perez-Esteve, Schuknecht의 연구는 대상 연구시점에서 다시 생각해야 할 필요성이 있다. 그 기준연도가 1996년 자료를 사용하고 있는데 그 당시는 국제간 전자상거래가 지금처럼 활발하지 않은 시점이라 하겠으며, 교역량과 금액에 있어서도 많은 차이를 나타내고 있기 때문이다. 현재 디지털 상품(digital products)의 비중이 급속도로 증가하고 있는 실정이며, 콘텐츠 산업을 살펴볼 때 전 세계 디지털 콘텐츠 시장은 2000년도에 696억 달러로 연평균 33.8%씩 성장하고 있으며 2004년도에는 전 세계 교역량이 2,228억 달러로 전망되고 있기 때문이다.

또한 우리나라의 경우만 비추어보더라도 이 연구에서 언급하고 있는 디지털화된 미디어 제품에 대한 관세수입은 약 1억 6천 만 달러로 추

---

46) Mattoo, A., Perez-Esteve R. and Schuknecht, L., Ibid., p.960.
47) 최병철, "전자상거래 관련 국제규범에 관한 논의", 울산대학교, 「사회과학논집」 제11권 제1호, 2001. 6, pp.19-20.

정하고 있는데, 이는 무관세로 인하여 줄어들 수 있는 관세수입을 의미한다는 점에 주목해야 할 것이다.[48] 국제 전자상거래의 발달과 교역량의 급속한 성장을 고려해 볼 때 관세수입의 변화가 있을 것으로 생각되며, 추후의 연구과제이기도 하다.

김영춘(2001)[49]의 연구는 실무부처인 관세청 입장을 중심으로 최근 논의되고 있는 사이버무역에 대한 과세방안에 관하여 기본적인 연구를 진행하였다. 연구의 주요 내용을 살펴보면, 전자상거래에 대한 과세부과 방안으로 거래정보 확보 방안, 거래자 확인 방안, 자율납세 방안을 제시하고 있다.

또한 사이버무역에 대한 거래정보를 확보하기 위한 가장 대표적인 방법은 전자결제시스템을 활용하는 것이고, 거래자 확인 방안으로는 인터넷 사이트에 사업자 등록번호를 부여하는 방안, 그리고 자율납세 방안으로는 무역자율 법규 준수율 측정시스템(Trade Compliance Measurement System)을 개발하여 이 시스템으로 불성실 업체에 대하여 집중적으로 추징하기 위한 조세행정력을 집중시킴으로써 자율적으로 성실한 신고 및 납세를 유도하는 자율적 납세신고 증진방안을 제시하였다.

한편 관세징수방안으로는 본질적으로 과세기술상의 한계로 인하여 관세부과에서 제외되고 있음을 인지하고, 향후 과세기술상 한계를 극복하고 대부분의 국가가 온라인 사이버 무역거래에 대하여도 관세를 부과하는 관행이 확립되는 상황에 대비하여 관세부과 가능성은 유보하는 것이 바람직하다는 의견을 제시하고 있다.

물론 김영춘의 연구는 관세부과 모델을 제안하고 있지는 않다. 그러

---

48) Mattoo, A., Perez-Esteve, R. and Schuknecht, L., Ibid., p.961.
49) 김영춘, "사이버무역에 대한 관세 분야의 과세방안", 한국관세학회, 「한국관세학회지」 제2권 2호, 2001, pp.105-124.

나 본 연구에서는 김영춘의 연구에서 언급하고 있는 거래정보를 확보하기 위한 가장 대표적인 방법이 전자결제시스템을 활용하는 것이라는 의견과는 일치하며, 이를 좀 더 구체적으로 고찰한 후 결제시스템을 이용한 관세부과 모델을 제시해 보고자 한다.

송선욱(2001)[50]의 연구에 있어서는 현재 전체 수입에서 전자상거래가 차지하는 비중이 미미한 수준에 있으나 그 규모가 계속적인 증가 추세를 보이고 있으므로 전자상거래에 무관세 원칙을 고수하게 된다면 관세수입 확보에 어려움이 발생할 뿐 만 아니라 off-line업체와 on-line업체 사이의 과세차별 문제로 인하여 off-line업체의 반발에 따른 어려움도 발생하게 되므로 유럽연합과 같이 당분간 무관세원칙을 준수하고 적절한 과세방안이 마련되면 과세한다는 입장을 취해야 할 것이라 하였다.

오웅탁·남구관(2001)[51]의 연구는 전자상거래에 대한 관세부과가 실효성과 정당성을 발휘하기 위해서는 관세부과시스템이 기존의 전통적 상거래하에서의 관세제도와 균형을 이루어야 하고, 특히 중립성과 투명성을 통하여 관세부과 절차가 예측가능하고 공정성이 보장되어야 관세부과의 정당성을 확보할 수 있다는 것이다.

또한 최근 문제가 되고 있는 인터넷상의 디지털제품에 대한 관세부과의 경우 국제기구에서 논의되고 있는 무관세지대의 설정문제 등 관세부과에 대한 국제적 흐름을 제대로 파악하고 이에 능동적으로 참여하여 국제적 마찰이 없는 정당한 관세부과가 될 수 있도록 해야 한다는 것이다.

한편 전자상거래의 조세문제에 특히 부가가치세 부과에 관하여서는

---

50) 송선욱, "전자상거래 과세에 대한 국제적 논의 동향과 한국의 대응과제에 관한 연구", 한국관세학회, 「관세학회지」 제2권 제1호, 2001, pp.109-141.
51) 오웅탁·남구관, "전자상거래에 대한 무관세화의 후생효과", 한국관세학회, 「한국관세학회지」 제2권 제1호, 2001, pp.35-59.

관세부과에 비하여 상대적으로 많은 연구가 있다. 물론 관세부과와 다르지 않게 대부분의 연구들이 전자상거래로 인하여 발생하는 조세문제점을 지적하고, 국제기구의 논의 동향을 소개하고, 전자상거래로 인하여 발생한 조세문제의 해결방안을 제시하는 수준에 그치고 있다. 그러나 서희열·이강호(1999)[52], 정규언·구상희·박정우(1999)[53]의 연구는 기존의 연구와는 다르게 여러 개의 구체적인 부가가치세 과세모형을 제시하고 있다.

우선 서희열·이강호(1999)의 연구에서는 이전 연구와 달리 결제방식에 따라 가능한 여러 가지의 구체적인 부가가치세 과세모형을 제시하고, 장단점을 분석하고 있다. 그러나 이 연구에서도 결제방식에 따라 가능한 모든 모형을 제시하는 데 초점을 맞추고 있기 때문에 모형의 현실적인 실현가능성에 대한 분석이 부족하다는 한계를 지니고 있다.

즉 연구에서 결론적으로 제시하고 있는 통합모형은 사업자 은행이 거래내역을 국세청에 통보하고, 사업자가 직접 세무신고와 납부를 하도록 하는 모형으로 부가가치세 문제 논의의 초점이 되는 국제 전자상거래에 대해서는 적용하기 어렵다는 점이다.[54]

반면 정규언·구상희·박정우(1999)의 연구는 전자거래에 대하여 부가가치세가 과세되어야 한다는 원칙하에 국제 전자상거래에 대한 부가가치세 과세모형을 개발하고, 그 적용가능성을 검토하는 것을 연구목적

---

52) 서희열·이강호, "전자상거래에 대한 부가가치세 과세방안에 관한 연구", 한국세무학회, 「세무학연구」 제13호, 1999, pp.141-182.
53) 정규언·구상희·박정우, "국제 전자상거래의 효과적인 부가가치세 과세방안으로서 지불기관 대리납부제도에 관한 연구", 한국세무학회, 「1999년도 추계학술발표대회논문집」, pp.67-94.
54) 이는 국외에 있는 사업자은행에게 국제 전자상거래 내용을 우리나라를 포함한 각 국가의 과세당국으로 통보할 의무를 부과하기란 현실적으로는 대단히 어려울 뿐만 아니라 국외의 사업자에게 세무신고와 납세의무를 부과하기도 힘든 현실이기 때문이다.

으로 하여 과세의 사각지대로 볼 수 있는 국제 전자상거래에 대한 부가가치세를 효과적으로 과세할 수 있는 모형으로 국내 지불기관의 대리납부제도를 이용한 과세모형을 제시하고 있다.

나아가 제시한 모형의 타당성을 국가 간의 조세배분원칙을 포함한 세무적인 타당성, 기술적인 타당성 및 법률적인 타당성을 분석하고, 이 제도를 실행하기 위하여 개정 또는 신설되어야 할 세법규정을 검토를 하고 있어 보다 현실적인 대안을 제시한 연구이다. 특히 정규언·구상희·박정우의 연구는 국제간의 전자상거래에 대한 관세부과에 대한 본 연구의 기본 틀(framework)을 제공해 주고 있다.

따라서 전자 전송물의 국제거래에 있어서 관세부과와 관련된 주요 선행연구의 결과와 본 연구의 내용을 정리하면 다음과 같이 요약할 수 있다.

<표 2-7> 전자 전송물과 관련된 관세부과에 관한 선행연구의 요약

연구자	연구의 주요 내용	비 고
Mattoo 외 (2001)	·관세수입의 손실 미미, 무관세화로 인한 관세수입 손실에 대한 우려는 문제되지 않음	·무관세화 입장 견지
김영춘 (2000)	·전자상거래의 과세부과 방안에 대하여 거래정보 확보방안, 거래자 확인방안, 자율납세방안 등을 제시	·관세부과 가능성 유보
최병철 (2001)	·무관세화로 인한 관세수입의 손실우려 는 문제되지 않음	·무관세화 입장
송선욱 (2001)	·무관세원칙을 준수하고 기술발전을 통하여 적절한 과세방안이 마련되면 과세입장 표명	·관세부과 가능성 유보
오웅탁 외 (2001)	·관세부과시스템이 기존의 전통적 상거래와의 관세제도와 균형유지	·관세부과 가능성 유보
서희열 외 (1999)	·부가가치세 과세모형으로 통합모형을 제시	·부가가치세를 부과해야 한다 는 입장에서 접근
정규언 외 (1999)	·부가가치세를 효과적으로 과세할 수 있는 모형으로 국내 지불기관의 대리 납부제도를 이용한 과세모형 제시	·전자상거래에 대하여 부가가 치세를 과세해야 한다는 원 칙에서 접근
본 연구	·신용카드회사 및 거래은행 등의 지불기관 대리납부를 통한 관세부과 방안을 제시	·관세부과 환경에 대비하여 관세부과 모델 제시

자료: 연구자 정리·작성.

제3장 전자상거래의 주요
쟁점과 논의 동향

전자상거래라는 새로운 패러다임의 등장으로 국제간 전자상거래가 촉진되고, 기업들이 생산과 시장 등 모든 측면에서 글로벌화의 기회가 제공됨에 따라 전자상거래는 각국에 있어 주요 정책 현안으로 대두되고 있다. 전자상거래의 범세계적인 확산은 새로운 무역질서의 확립을 필요로 하게 되었으며, 이에 미국, 유럽연합 등의 주요 국가와 WTO, OECD 등의 주요 국제기구 등을 중심으로 국제규범 제정을 위한 논의가 빠른 속도로 진행되고 있다.

그러나 전자상거래에 대한 국제적 논의 동향이 여타 국제회의에서와 마찬가지로 정보화 선진국과 후진국의 이해관계가 첨예하게 대립하고 있는 상황에 있으나 각국들은 국제적 논의 과정에서 자국의 이익이 최대한 반영될 수 있도록 발빠른 움직임 보이고 있다.

우리나라는 특히 전자상거래의 주요 쟁점 중 하나인 관세부과 이슈에 관하여 관세청을 중심으로 검토가 이루어지고 있으나 관세부과 쟁점이 국제적인 문제와 연계되어 있고, 국제적인 동향이 무관세화의 입장을 견지하고 있는 등 여타 제반문제로 인하여 어려움에 직면해 있다.

그러나 우리나라는 전자 전송물의 국제 전자상거래에 있어 WTO나 WCO 및 기타 이해집단과의 논의에 적극 참여하여 우리나라의 입장을 반영시킬 수 있도록 해야 할 것이며, 나아가 관세부과 방향과 이에 따른 관세행정 및 제도가 원활하게 구축 및 운영될 수 있도록 해야 할 것이다.

또한 전자 전송물 거래의 무관세화로 인한 시장의 충격완화와 불확실성에 대한 예방 및 대비책의 한 수단으로 이에 대한 지속적인 연구가 필요할 것이다.

본 장에서는 전자상거래의 관세부과 문제와 관련한 이해와 대응방안을 모색해 보기 위하여 전자상거래와 관련된 주요 쟁점과 국제사회의 논의 동향을 살펴보고자 한다.

제1절 주요 쟁점

전자상거래를 둘러싼 주요 쟁점들이 전자상거래의 확산에 따라 부각되고 있다. 이와 관련된 쟁점으로는 경제적 측면의 각국 간 핵심적 사항인 관세와 조세에 관한 문제를 비롯하여 무관세지역화에 대한 논의, 법적인 측면에서의 개인정보 및 소비자 보호, 지적재산권 침해 문제 등으로 나누어 살펴볼 수 있다.

1. 경제적 측면

(1) 관세와 조세

전자상거래를 둘러싼 각국 간 핵심적 쟁점은 관세 및 조세문제일 것이다. 이는 전자상거래의 특성상 공간적 제약이 없는 가상공간에서의 거래라는 점 때문이며, 이를 들어 전자상거래를 무관세지역으로 만들겠다는 미국의 주장은 곧 선두기업들의 선점에서 오는 우월적 경쟁력을 중심으로 각국의 전자상거래 기반을 붕괴시킬 수 있다는 유럽을 중심으로 한 다른 나라들 간의 전략적 고려가 그 바탕을 이루고 있다고 해도 과언이 아닐 것이다.[55]

전자상거래에 있어 논의가 활발한 분야인 디지털제품 및 서비스에 대한 조세 및 관세문제는 각국의 세수확보 차원과 결부되어 있다. 특히 전자적으로 주문·전송되는 디지털제품 및 서비스는 지리적 이동선이 결여되어 있고, 기술 및 관리상의 문제로 현재 관세 및 조세의 부과가 사실상 불가능한 상태이다. 물론 인터넷으로 주문되고 물리적으로 전달되는 전자거래는 기존의 통신판매방식과 큰 차이는 없으나, 거래의 모든 과정이 전자적으로 이루어지는 디지털제품 및 서비스의 전자상거래는 비대면거래이며, 그 과정 또한 암호화되기 때문에 신원확인 및 거래추적에 어려움이 있게 된다.[56]

전자상거래와 관련된 조세문제는 조세행정상의 문제와 실정세법상의 문제로 대별할 수 있다. 조세행정상의 문제는 전자상거래의 여러 가지 특징들이 기존 조세행정에 미칠 수 있는 영향과 그 대응방안에 관한 것이다. 실정세법상의 문제는 구체적인 조세유형과 관련된 문제를 말하는 것으로 전자상거래의 경우 소비세의 핵심인 부가가치세와 국제적 사업활동과 관련한 소득세가 논의의 대상이 되고 있다. 구체적으로 전자상거래로 인한 세제상의 문제로는 첫째, 거래당사자의 신원확인 및 결정곤란으로 과세권 행사의 곤란이 초래될 수 있다는 점이다. 예를 들어, 인터넷 전자상거래가 수행되는 웹사이트를 누가 소유하고 있는지 파악하기가 어려울 수가 있다.

둘째, 거래의 암호화, 원격조정, 변환장치의 사용으로 세무조사와 소득추적이 곤란해 질 수 있다는 점이다. 웹사이트나 인터넷 주서의 소유

---

55) 최용록, 「전자상거래와 인터넷 무역」, 두남, 2000. 7, p.415.
56) 송경석·한병완, 「전자성거래@경영·기술·법」, 두남, 2001. 8, p.405.

자가 파악된다 하더라도 거래의 암호화, 전송경로의 세분화 등으로 과세당국이 인터넷거래를 파악하고 추적하는 것이 어려워 질 수 있다.

셋째, 국제간 전자상거래가 활성화됨에 따라 과세관할권의 영향에 따른 증거능력이 있는 자료의 획득이 곤란할 수 있다는 점이다. 즉 자금청산도 금융기관을 통하지 않고 직접 이뤄질 수 있는 데다 중간도매상마저 사라져 과세당국이 이들을 통한 조세정보 획득에 한계가 있다.

마지막으로 조세피난처 및 역외금융기관에 대한 접근이 용이함에 따라 조세회피 및 국제적 탈세의 가능성이 증가할 수 있다는 점이다. 즉, 인터넷을 통해 국제적 기업들은 현지에 특정한 거점을 갖지 않고 사업을 영위할 수 있게 되었고 내부통신망을 통해 과세당국이 확인 불가능한 경영활동을 수행하면서 자유롭게 소득을 이전시킬 수도 있는 것이다.

인터넷을 통한 교역이 급증조짐을 보이면서 세계 각국이 차세대 세원으로 강행할 조짐을 보이자 유리한 위치에 있는 미국은 소프트웨어, 영상음악 등 전자신호 형태로 이동 가능한 상품부터 우선 무관세로 하자고 주장하며, 경쟁우위를 확보하겠다는 의도를 분명히 하고 있다. 일본은 전자통신기술에 있어서 미국 못지않은 경쟁력을 갖고 있다는 판단아래 미국의 기본계획에 소극적인 찬성입장을 밝히고 있다.

유럽연합의 경우는 미국이나 일본에 비해 상대적으로 기술적으로나 상업적으로 뒤져 있음을 직시하여 정부의 보호와 지원을 중심으로 소비지 과세주의를 주장하고 있고, 우리나라는 여건이 비슷한 대만, 싱가포르 등 아시아권 나라들과 보조를 맞춘다는 전략이다.

한편 조세 및 관세부과와 관련된 기술적 문제가 해결된다면 전자상거래에 대하여 조세 및 관세가 부과될 가능성이 있다고 할 수 있다. 결국 무관세 및 무조세화 원칙이 파기될 수도 있을 것이다. 이 경우 개별국가 과세당국 간의 효율적인 협조가 요구될 것이다. 향후 관세부과 여부와 조세문제는 세계 각국의 핵심사안으로 치열한 쟁점이 예상되어진다.

(2) 무관세지역

미국은 전자상거래와 관련해 관세문제를 가장 먼저 거론하였다. 1997년 '글로벌 전자상거래 기본계획' 발표 이후 일관되게 무관세·무조세를 주장하고 인터넷을 자유무역지대로 규정하여 영구적인 무관세·무조세에 대한 범세계적인 합의를 도출하기 위해 노력하고 있다. 즉 인터넷 전자상거래는 상품의 물리적 교역의 상징이었던 명백하고 고정적인 물품운송로의 결여로 관세부과가 곤란하므로 인터넷 무관세(Tariff Free Environment)화를 WTO 등의 국제기구를 통해 국제적 합의를 도출한다는 계획이다.

유럽연합은 미국의 방침에 영구화하는 데 신중한 입장을 보이고 있으나 미국과 유럽연합은 인터넷으로 주문되고 인터넷으로 전송되는 재화 및 용역에 한해 관세를 부과하지 않고, 인터넷으로 주문되고 물리적으로 수송되는 제품에 관해 그것이 단지 인터넷으로 주문되었다는 이유만으로 추가적 관세가 부과되어서는 안 된다는 두 가지 원칙에 합의하였다. 이는 미국과 유럽연합이 전자거래 시장지배를 통해 자국의 경쟁우위를 지속적으로 확보하려는 의도로 간주되어진다.

그러나 유럽연합은 추가 관세부과 문제에 대해서는 미국과 같은 입장이지만 이중의 과세체계 문제 즉 동일한 상품인 실물재화와 디지털재화의 문제점을 지적하면서 디지털재화에 대해 관세부과를 주장하고 있다. 향후 무관세지역화 논의는 국제적 통일 규범을 도출하는 데 있어 상당한 논란이 있을 것이다.[57]

---

57) 박형래, "인터넷 자유무역지대논의와 다자간 규범으로의 조화", 한국인터넷 전자상거래학회 2000년 「추계학술발표대회 논문집」, 2000. 11. p.238.

2. 법적 측면

(1) 개인정보보호

전자상거래에 있어 거래 및 결제에 필요한 의사표시나 정보는 디지털 메시지로 교환되기 때문에 경우에 따라서는 소비자나 이용자에 관한 정보를 수집 및 관리하기 쉽고 또한 다른 목적으로의 전용이 용이하다고 하는 구조적인 취약점이 있다. 즉 가상공간 내에서는 다수의 관계자가 관여할 수 있기 때문에 개인정보의 노출기회는 그만큼 많다고 할 수 있다.

전자상거래를 통하여 소비자의 거래내역이 데이터베이스화되어 불법적으로 유출될 수 있는 경로는 크게 세 가지로 구분해 볼 수 있다. 첫째는 쿠키기능(cookie function)[58]에 의한 유출이다. 쿠키기능이 있는 소프트웨어의 경우 사용자 개개인의 ID, 비밀번호, 신용카드번호는 물론 인터넷 웹상에서의 방문사이트를 소비자 자신도 모르게 추적할 수 있게 된다. 둘째로는 가상공간에서 거래가 이루어지는 특성상 본인여부를 확인하는 인증제도가 필요하고, 이 경우 인증기관에는 막대한 신용정보가 축적되므로 이에 의한 정보유출 및 오용의 우려가 있다. 셋째로는 전자화폐나 신용카드 등에 의한 대금결제에 따른 개인정보의 유출이 있을 수 있다.[59]

---

58) 쿠키기능이란 인터넷 이용자가 웹사이트에 접속할 때마다 각 웹사이트에 사용자 엑서스, 사용자 ID, 패스워드나 신용카드번호와 같은 정보를 자동등록 하는 기능을 말한다.

59) 서민교, "인터넷 라운드의 대두와 그 대응방안 – 주요 이슈별 쟁점과 대응방안을 중심으로", 한국무역학회, 「무역학회지」 제23권 3호, 1998. 12., p.255.

따라서 소비자들이 자신에 관한 어떤 정보가 수집되고 있는지 그리고 수집된 정보는 어떠한 과정을 통해 적의 사용되는지를 알 수 있어야 하며, 또한 스스로 자신의 개인정보를 적절히 통제할 수 있어야 하는데 이는 전자상거래 활성화의 필수 불가결한 요소로 볼 수 있다.

결국 전자상거래가 거래 당사자 간 공동의 이익을 보장하려면 개인정보가 부당하게 침해받지 않도록 제도적 행정적인 보호장치가 강구되어야 한다. 개인정보의 보호가 전자상거래 활성화에 장애가 되어서는 안 되며, 상호 균형적인 조화를 통해 개인정보보호장치가 마련되어야 할 것이다.

국내외 관련 법제 동향을 살펴보면 미국의 경우, 1995년 「프라이버시에 관한 일반원칙」을 채택하였는데 동 원칙에는 개인정보의 합리적인 수집·관리 및 사용원칙, 개인정보 수집의 이유 및 목적의 통지원칙, 프라이버시 존중원칙, 개인정보 무결성의 원칙, 개인정보 정확성의 원칙, 피해보상원칙 등이 포함되어 있다.

우리나라의 경우 개인정보보호에 관한 규정을 살펴보면, 공공기관의 개인정보보호에 관한 법률, 전자거래기본법, 전자서명법, 정보통신망 이용촉진 등에 관한 법률, 개인정보보호지침 등이 있다.[60]

공공기관의 개인정보 보호에 관한 법률은 공공기관의 컴퓨터에 의하여 처리되는 개인정보의 보호를 위한 것이며, 전자거래기본법에서는 수집목적의 명시의무, 수집 목적 외 사용금지, 안전대책 마련 의무, 열람권 및 정정·삭제의무 등의 개인정보보호 조항을 두고 있고,[61] 전자서명법에서는 최소한의 개인정보수집과 본인의 동의, 목적 외 개인정보사용 금지와 유출금지 등을 규정하고 있다.[62]

---

60) 송경석·한병완, 「전자상거래@경영·기술·법」, 두남, 2001. 8, pp.384-393.
61) 전자거래기본법 제13조.
62) 전자서명법 제24조.

또한 정보통신망 이용촉진 등에 관한 법률에서는 인터넷상의 개인정보 보호에 관한 포괄규정을 두고 있는데, 이 법에서 개인정보 수집 시 정보통신서비스제공자는 개인정보 관리책임자의 소속·성명 및 전화번호 기타 연락처, 개인정보의 수집목적 및 이용목적, 개인정보를 제3자에게 제공하는 경우의 제공받는 자, 제공목적 및 제공할 정보의 내용, 이용자의 권리 및 그 행사방법, 수집하는 개인정보의 보유기간 및 이용기간을 미리 이용자에게 고지하거나 정보통신서비스 이용약관에 명시하여야 하고, 이용자의 동의에 기초한 적절한 개인정보 수집·이용·처리·제공 및 이용자의 권리보장을 규정하여 개인정보를 보호하고 있다.[63]

(2) 소비자보호

전자상거래는 다수의 위험이 혼재되어 있는 경우가 많아 컴퓨터 자체의 운영상·통신망의 사용·중요한 정보의 유출·개인의 사생활 침해위험 등의 악용사례가 많이 발생하고 있다. 또한 전자거래는 다수의 당사자가 참여하기 때문에 누구의 귀책사유로 손해가 발생하였는지 규명하기 어려우며, 만약 발생된 위험의 당사자를 찾았다 하더라도 기술·정보력에서 취약한 상태에 있는 소비자가 상대방의 고의·과실을 입증하기에 많은 어려움이 있다.

반면 전자상거래에 있어 제기되고 있는 문제의 상당부분은 향후 인터넷을 통한 가상공간에서의 경쟁이 치열해짐에 따라 자연스럽게 해결될 수 있으리라는 전망도 있다. 그 이유는 서로 고객을 유치하려는 기업 간의 경쟁에 의해 민간자율에 의한 규제와 견제의 양상이 전개될

---

63) http://www.youme.com(YOU ME 특허법인(YOU ME PATENT & LAW FIRM))

수 있으리라는 예측 및 전통적 상거래 방식과 달리 전자상거래는 인증, 보안과 같은 일련의 기술의 발전과 연계되어 있기 때문에 이와 같은 기술의 급속한 발전이 곧 소비자문제의 해결에 직접적으로 기여할 수 있기 때문이다.

그러나 소비자와 판매자 간 상호 신뢰하지 않고서는 전자상거래의 발전을 기대하기는 어렵다. 새로운 상거래 방식에 대한 소비자 정보제공, 교육 등 소비자 지원을 강화하여 전자상거래에 대한 소비자의 신뢰를 제고시켜야 할 것이다.

전자상거래에 있어 소비자는 악의의 판매자를 통한 사기·기만 거래에 쉽게 노출될 수 있을 뿐만 아니라 전자상거래의 특성상 국경이 없는 가상공간에서 거래가 이루어질 수 있음에 따라 피해가 발생했을 경우 분쟁조정에 어려움이 발생하게 된다.

소비자보호는 대략 다섯 가지 주요 사안으로 구분할 수 있다. 광고의 정직성 및 신뢰성, 상품의 보증·증명 및 제품표준과 관련한 레이블 부착 및 공개성, 계약취소 및 할부판매계약 취소보증의 조건, 주문취소·상품하자·미배달 등일 경우의 환불제도, 상기조건을 충족할 판매자의 적격성 판별을 위한 제도적 절차 등이다.

각국은 전통적 상거래 관행과 법체계를 유지하고 있는 가운데 이를 전자적 환경에서 어떻게 조화시킬 것인가를 주요한 문제로 논의하고 있다. 미국의 경우 전자상거래와 소비자보호 대책을 우선 기존의 법률을 적용하여 사기방지를 위한 법 집행과 민간주도 및 민간과 공공부문의 협력을 통한 소비자교육에 기본원칙을 두고 소비자보호 문제해결에 노력하고 있다.[64]

우리나라의 경우 전자거래기본법에서 정부가 소비자보화와 관련된

---

64) 실례로 소비자보호 행정기관들의 참여를 유도하여 소비자문제에 관한 연방정부의 시책과 각종 정보를 제공하고 있다.

계획을 수립·시행하고, 소비자 보호 등 관계법령의 규정에 따라 전자거래와 관련되는 소비자의 권익을 보호하기 위해 필요한 시책을 마련할 것을 규정하고 있으며, 또한 공정거래위원회에서는 전자거래 소비자보호지침을 제정하여 소비자 피해예방과 구제수단을 강구하는 등 소비자의 권익보호를 위하여 노력하고 있다.[65]

(3) 지적재산권

지적재산권(Intellectual Property Right)[66]이란 인간의 지적 창작물에 관한 권리와 표식에 관한 권리를 총칭하는 말이다. 지적재산권은 아이디어에 대한 투자와 교역, 문화적인 활동에 대한 경제적인 보상을 제공함으로써 보안과 신뢰를 제공하는 데 있어 중요한 역할을 수행하고 있다.

전 세계적인 정보 인프라에서 지적 컨텐츠의 중요성이 증가함에 따라 지적재산권은 전자상거래의 발전에 있어 중요한 문제로 대두되고 있다. 즉 전자상거래에서 무단복제가 용이한 소프트웨어, 영화 등 디지털 상품에 대한 저작권보호와 독창성이 없는 데이터베이스의 보호, 권리의 신설, 기술조치 및 권리관리 정보, 온라인 사업자의 책임 문제 등의 저작권 문제가 제기 되고 있다.[67]

이와 같이 인터넷 사용이 급속하게 확산되면서 가상공간을 통해 무방비로 전송되고 있는 디지털 재화에 대한 지적재산권보호의 필요성이

---

65) 송경석·한병완, 전게서, p.381.

66) 지적재산권은 산업재산권, 신지적재산권, 저작권으로 구분할 수 있다. 산업재산권에는 특허권, 실용신안권, 의장권, 상표권, 신지적재산권에는 컴퓨터 프로그램, 반도체회로배치, 영업비밀, 저작권에는 저작재산권, 저작인격권, 저작인접권 등이 포함된다.

67) 서민교, "인터넷라운드의 대두와 그 대응방안", 한국무역학회, 「무역학회지」 제23권 제3호, 1998. 12, pp.254-255.

대두되고 있다. 민간부문은 여러 부문에서 새로운 멀티미디어 제품과 서비스의 지적재산권 보호와 관련된 공통의 표준에 합의하였는데 「무역 관련 지적재산권 분야」(Trade-Related Aspects of Intellectual Property Rights)와 세계지적재산권기구(World Intellectual Property Organization)의 「WIPO 저작권 조약」(WIPO Copyright Treaty) 등이 그것이다. 각국의 정부도 재산권의 보호를 위한 국제적인 공통의 표준에 합의하는 데 상당한 진전을 보이고 있다.

디지털화의 대상이 모든 문화상품과 지적생산물로 확대되면서 전자거래의 발달을 위해서는 지적재산에 대한 확실하고 효과적인 보호가 필수적이라 하겠다. 즉 보호대상 저작물 범위, 전송권, 기술적 보호조치, 온라인사업자의 책임범위, 컴퓨터프로그램, 도메인네임, 영업모델 특허 등이 지적재산권과 관련된 주요 쟁점사항이다.

우리나라의 경우 이러한 쟁점을 어느 정도 반영하여 2000년 1월 저작권법을 개정하였다. 즉 WIPO 저작권조약의 공중전달권 조항을 도입하여 전송권을 신설하였으며, 데이터베이스 정의 규정을 도입하고 디지털 복제를 복제개념에 명시적으로 포함시켰으며, 컴퓨터프로그램보호법에서 프로그램 제작권자에게 전송권을 부여하고 저작권 관리정보의 보호규정을 신설하였다.[68]

또한 전자상거래 환경에 적합한 저작권의 보호와 국민의 이용 편의가 균형을 이룰 수 있도록 특허권 및 상표권과 인터넷 상호를 보호하기 위해 특허권을 비롯한 지적재산권 보호에 대한 대책을 수립하고 있다. 지적재산권 보호 실무 대책반을 구성하고, 특허 보호 범위를 확대하여 전자거래 관련 특허기술 보호방안 강구, 상표와 인터넷 상호의 저촉관계 해결 및 부정경쟁행위 방지, 인터넷을 통한 전자출원 및 특허정

---

68) 송경석·한병완, 전게서, p.406.

보 교류 등을 추진하고 있다.[69)]

그러나 상기의 주요 쟁점들을 살펴볼 때, 특히 국제 전자상거래가 성장·발전하기 위해서는 거래가 원활하게 이루어 질 수 있도록 필요한 하드웨어, 소프트웨어, 통신망 등의 체제 정비를 통한 기술적 시스템의 구축뿐만 아니라 국제 전자상거래 관련 비즈니스를 수행할 수 있도록 거래 대상 관련 상품과 콘텐츠, 관련 물류 및 결제시스템의 구축 및 정비 등의 기반도 체계적으로 뒷받침되어야 할 것이다. 또한 전자상거래의 법적 효력, 전자서명의 인증, 소비자 보호, 지적재산권의 보호 및 개인정보의 보호 등에 관한 법적·제도적 기반이 체계적으로 정비되어야할 필요성이 있다.

제2절 전자상거래 및 전자 전송물의 논의 동향

1. 전자상거래의 논의 동향

(1) 주요 국제기구의 논의

1) WTO

세계무역기구(World Trade Organization)는 국제무역의 규범과 집행을 관장하는 국제기구이다. WTO에서는 관세문제를 비롯하여 전자상거

---

69) 김재우, 「사이버무역실무」, 두남, 2001, p.47.

래와 관련된 여러 쟁점들을 검토하고 있다. 이는 전자상거래가 무국경성이라는 특징이 있는 바 국제무역 관계에 있어서 국가 상호간에 문제를 발생시키고 있기 때문이다.

WTO에서 전자상거래 이슈로 논의된 것은 1998년 2월 미국이 전자상거래의 무관세화를 인정하는 규범이 필요함을 WTO 일반이사회(General Council)에 공식적으로 제안하면서 시작되었다고 할 수 있다.[70] 이러한 미국의 제안은 무역개발위원회의 의제로 채택되어 WTO 내에서 전자상거래에 대한 논의를 불러일으켰으나 각 회원국들은 미국의 무관세화에 대한 국제규범화 제안에 적극적으로 동의하지 않았다.

WTO사무국은 1998년 3월 '전자상거래와 WTO의 역할'(Electronic Commerce and the Role of the WTO)이라는 보고서를 발표하여 상업적 목적으로 인터넷을 사용함으로써 발생하는 잠재적인 무역상의 이익을 검토하였다. WTO사무국 보고서는 전자상거래에 관한 정책 개발을 위하여 WTO 회원국에게 배경정보로서 준비되었고, 보고서에서 확인된 정책적 문제는 인터넷거래에 대한 법적 및 규제적 골격, 보안과 프라이버시 문제, 조세, 인터넷에 대한 접속, 인터넷상 공급자를 위한 시장접근, 무역촉진, 공공구매, 지적재산권 문제 및 내용의 규제 등이었다.

그 이후 1998년 4월 캐나다는 전자상거래의 범주가 WTO 내의 부속협정 중 어떤 규범의 적용을 받을 것인지 확정되지 않았음을 지적하고, 특히 전자적으로 전송되는 부분에 대하여 1999년 제3차 각료회의까지 관세부과의 효과가 있는 신규조치를 취하지 않도록 하는 시한부 동결조치를 제안하였고, 캐나다가 제시하였던 안은 1998년 5월에 개최된 WTO 제2차 각료회의에 반영되었다.[71] WTO는 1998년 5월 20일 '세계

---

70) WTO, 'Global Electronic Commerce', WT/GC/W/78, 9 February, 1998, para. 2.
71) 박노형, "전자상거래 관련 국제규범의 제정 동향과 내용 분석", 삼성경제연

전자상거래에 관한 제네바 각료선언'의 채택으로 전자상거래에 관한 통상 관련 쟁점들을 검토하기 위한 작업프로그램(work program)을 개발하고, WTO의 각 이사회별로 논의를 진행하도록 하여 WTO에서 본격적으로 전자상거래 논의가 진행되었다.

WTO 제2차 각료회의에서 현재의 전자 전송물에 대한 무관세 관행을 그대로 유지하며, 일반이사회는 전자거래와 관련된 모든 무역 관련 쟁점 검토를 위한 종합적 작업프로그램을 개발하여 추진하고, 이에 대하여 1999년 제3차 각료회의에서 재검토하는 내용을 골자로 하는 「전자상거래에 관한 WTO 각료선언(Declaration on Global Electronic Commerce)」을 채택하였다.[72] 이는 비록 한시적이지만 디지털제품의 거래에 대하여 관세를 부과하지 않는다는 국제적 합의가 이루어졌다고 볼 수 있다.

제네바 각료선언에 따라 WTO 일반이사회는 1998년 9월 25일 WTO에서 전자상거래 문제를 다루기 위한 작업프로그램을 채택하였다.[73]

구소 외부전문가 기고, 2000. 12, pp.65-66.

72) WTO, 'Declaration on Global Electronic Commerce', WT/MIN(98)/DEC/2, 25 May, 1998. paras. 1-3.

73) WTO, 'Work Program on Electronic Commerce', WT/L/274, 30 September, 1998, paras. 2-5.

〈표 3-1〉 WTO 전자상거래 작업프로그램의 주요 내용

담당기관	주요 검토대상 규정
상품무역 이사회	·GATT1994 제2조상의 관세 및 기타 과세에 관련된 문제 ·관세평가협정의 적용과 관련하여 발생하는 문제 ·전자상거래에 관련된 상품에 대한 시장접근 문제 ·수입허가절차협정의 적용과정에서 발생하는 문제 ·전자상거래에 관련된 표준 문제 ·원산지규정 원칙에 관련된 문제 ·상품의 유형 분류 문제
서비스무역이사회	·관세문제 ·GATS 제1조 ·GATS 제2조 ·GATS 제3조 ·GATS 제4조 ·GATS 제6조, 제7조 ·GATS 제8조, 제9조 ·GATS 제14조 ·GATS 제17조 ·통신부속서 ·서비스의 유형 분류 문제
무역 관련 지적재산권이사회	·저작권 및 저작인접권의 보호와 강화에 관한 문제 ·상표권의 보호와 강화에 관한 문제 ·신기술 관련 문제 및 기술에 대한 접근 확보 문제
무역개발 위원회	·개발도상국의 무역과 경제발전에 전자상거래가 미치는 영향 ·전자상거래 분야에 대한 개발도상국의 참여를 확대시키는 수단 ·다자간무역체제에서 개발도상국의 통합을 위한 정보기술의 이용 ·전자상거래가 개도국의 상품유통을 위한 전통적인 수단에 미치는 영향 ·개도국에 대한 전자상거래의 재정적 의미

자료: WTO, 'Work Program on Electronic Commerce', WT/L/274, 30 September, 1998, paras. 2-5.

WTO 전자상거래 논의는 일반이사회가 중심적인 역할을 수행하고 계획작업 자체와 그 진행을 감독하기 위하여 전자상거래 이슈를 일반이사회 상시의제(standing-items)로 상정키로 하였다. 작업프로그램에 따르면 일반이사회는 1999년 3월 말까지 작업프로그램의 이행에 대한 중간검토를 마치고, 각 분야별 이사회들은 1999년 7월 말까지 일반이사회에 논의를 제출하는 것이었다.

이에 따라 작업계획 이행을 확인하는 중간 점검회의를 갖고 산하 이사회는 작업결과를 1997년 7월 말까지 일반이사회에 보고하였다. 그러나 일반이사회의 보고를 기초로 그 방향을 결정하려 하였던 시애틀 제3차 각료회의는 무산되어 결론적으로 각 회원국들의 제안들을 통일된 입장으로 제시하는 것에는 실패하였다.[74]

한편 WTO 상품무역이사회에서는 전자상거래에 대한 WTO 규범의 적용과 관련하여 1998년 일반이사회 작업프로그램에서 부여한 쟁점들에 대하여 최종보고서 제출 기한인 1999년 7월 30일까지 3차례의 비공식 회의를 열고 논의를 하였으나 결론에 도달하지는 못하였다.

WTO 상품무역이사회에서 논의된 내용 중 중요한 것은 전자 전송(electronic transmission)의 법적 성격으로서 서비스로 볼 것인지 또는 상품으로 볼 것인지, 아니면 제3의 유형(something else)으로 볼 것인지에 대한 문제였다. 이러한 문제는 관세, 분류, 관세평가, 원산지 및 수입허가 등 관련 사항에서 가장 먼저 해결되어야 할 사안으로 인식되었으나 여러 가지 사안들에 대한 합의가 도출되지 않음에 따라 WTO 상품무역이사회는 1999년 3월 비공식회의에서 이전까지 논의된 상품무역 관련 전자상거래 부분을 일단 의장요약서로 정리하여 일반이사회에 중간보고서 형태로 제출하여 회원국들에 회람하기로 결정하였다. 회원

---

74) 윤창인, "WTO의 전자 전송물 분류에 대한 논의 및 우리의 대응", 한국전자거래진흥원, 「국제규범 워킹그룹 보고서」, 2002. 1, p.89.

국들이 중간보고서를 검토하여 필요할 경우 논의를 계속하기로 하였으나 별다른 의견이 나오지 않아 동 보고서를 상품무역이사회의 최종 결과로 일반이사회에 제출하였다.

WTO 상품무역이사회의 논의에서 관세와 관련되었던 문제를 살펴보면, 1998년 전자상거래에 관한 각료선언에 따라 전자 전송에 부과하는 관세에 대하여 잠정적인 동결조치의 규정을 강조하면서 비록 일부 전송을 관세가 부과될 수 있는 상품으로 분류하는 것이 가능하다 하더라도 전자 전송이 HS상품분류에도 분류되지 않고 각국의 양허표에도 포함되지 않는 경우 어떻게 적용 가능한 관세율을 결정할 것인지에 대한 의문제기 및 관세 목적을 위한 분류가 전송된 상품의 내용에 의존할 수는 없는지에 대한 문제 등이 주요 쟁점으로 제기되었다.[75]

WTO의 전자상거래 관련 논의에서 전자 전송물에 관한 문제는 논의에 참여한 상품, 서비스 및 무역 관련 지적재산권이사회와 무역개발위원회 모두에서 논의된 공통 이슈였다.[76] 회의결과 도출에 실패하였던 제3차 시애틀 각료회의 이후 수면상태에 들었던 WTO의 전자상거래 논의는 2000년 7월 일반이사회의 결정에 따라 재개되었다.

2001년 5월 일반이사회는 관련 각 부문에 공통적인 쟁점과 부문별 주요 쟁점에 대하여 작업을 계속하기로 하였으며 제4차 카타르 도하 각료회의에서 전자상거래가 검토과제로 확정되어 논의가 계속 진행 중에 있다. 현재 WTO의 전자상거래 논의 중 가장 핵심적인 쟁점은 전자 전송의 분류이슈로 이는 전자상거래에 대하여 적용될 WTO 협정문의 결정과 직결된 문제뿐 아니라 관세부과의 문제로도 직결되기 때문이라

---

75) 박노형, "전자상거래 관련 국제규범의 제정 동향과 내용 분석", 삼성경제연구소 외부전문가 기고, 2000. 12, pp.70-79.
76) WTO, 'Minutes of Meeting', WT/GC/W/M/57, 14 September, 1998, para. 3.

하겠다.[77]

WTO에서는 인터넷을 통하여 이루어지는 전자상거래의 전자전송을 상품, 혹은 서비스, 상품과 서비스의 혼합체 등 제3의 무엇으로 분류할 것인가 하는 분류의 문제가 가장 핵심적인 쟁점으로 그에 따라 기존 WTO 내의 규범 중에서도 GATT 규범을 적용할 것인지, GATS 규범을 적용할 것인지, 또는 새로운 규범을 제정해야하는지 논의와 검토 중에 있다.

2) OECD

선진국 중심으로 구성된 OECD는 전자상거래가 선진국 주도로 발전하고 있기 때문에 회원국 상호 관심사항의 하나로 부각되어 논의되고 있으며, 현재 전자상거래 규범형성은 OECD가 주도하고 있다. 전자상거래에 대한 OECD의 논의는 이미 1980년대부터 진행되었으며, 1994년 이후에는 전자상거래의 응용에 대한 논의가 본격화되었다.[78]

OECD는 1997년 11월 19-21일 전자상거래에 관한 국제적 정책합의의 도출을 목표로 핀란드 Turku에서 '전 세계 전자상거래 장벽제거'를 주제로 정부·민간합동국제회의를 개최하였다. Turku 전자상거래 국제회의에서는 시장주도와 기술중립성을 기조로 하는 OECD의 업계민간자문위원회인 BIAC(Business and Industry Advisory Committee)가 제시한 전자상거래 10대 정책원칙선언[79]이 발표되었다.[80]

---

77) 윤창인, "WTO의 전자 전송물 분류에 대한 논의 및 우리의 대응", 한국전자거래진흥원, 「국제규범 워킹그룹 보고서」, 2002. 1, p.89.

78) 주OECD대한민국대표부, http://www.mofat.go.kr/mission/emb

79) 10대 정책원칙선언은 '① 전자상거래의 발전은 시장원리에 의해 민간부문이 주도해야한다. ② 정부의 개입은 공익보호와 국제적으로 안정된 법적 환경을 조성하기 위해 필요·최소한으로 이루어져야 하며, 기술적으로 중립적이어야 한다. ③ 민간부문의 정책결정과정 참여 메커니즘은 모든 나라와 국제회의에서 폭넓게 적용되어야 한다. ④ 범세계적 적용을 위해 정

Turku 회의는 민간부문이 전자상거래를 이끌어 나가는 원동력임을 확실히 인식하고, 정부는 이를 지원하는 역할을 담당하는 것이 기본적인 접근방식임을 분명히 확인하였다. 아울러 전자상거래 전개과정에서 많은 문제점과 장애가 있겠지만 이 문제점들은 기술발전과 시장메커니즘에 의하여 해결되어야 함을 강조하였다. 또한 정부의 규제가 필요한 경우 또 다른 문제점이 발생되지 않도록 신중하게 최소한으로 국한하되 투명하고 기술중립적인 방법으로 시행되어야 한다는 결론을 도출하였다.[81]

한편 오타와 각료회의[82]에서는 '전자상거래에서 소비자보호에 관한 각료선언'을 통하여 전자상거래 소비자가 실물 이동을 수반하는 실제거래와 동일한 수준의 보호를 받아야 함을 천명하였으며, '세계정보 통신망상에서의 프라이버시보호에 관한 각료선언'을 채택하여 온라인 환경에도 '1980년 OECD프라이버시보호지침'이 적용되어야 한다는 원칙을

부의 정책은 국제표준의 설정을 촉진하고 국제적으로 통용될 수 있도록 상호 조정되어야 한다. ⑤ 비전자적 상거래와 비교하여 전자상거래가 조세 등에서 불리한 대우를 받아서는 안 된다. ⑥ 전기통신 인프라에 대한 규제는 시장의 수요에 따라 경쟁을 촉진하고 범세계적으로 시장의 개방과 공정경쟁을 지향해야 한다. ⑦ 전자상거래의 참여는 개방, 경쟁적 시장환경하에서 이루어지도록 해야 한다. ⑧ 프라이버시, 비밀성, 익명성, 내용규제에 관한 정책은 소비자에게 선택과 통제권을 부여해야 한다. ⑨ 업계는 소비자에게 선택의 수단을 제공하도록 해야 한다. ⑩ 민간업계의 자율규제, 계약, 교육, 기술적 해결방안, 분쟁해결절차의 채택을 통해 고도정보사회에 대한 신뢰를 구축해야 한다'로 구성되어 있다.

80) 유창호, "OECD 전자상거래 논의 동향", 한국전자거래진흥원, 「국제규범 워킹그룹 보고서」, 2002. 1, p.6.

81) 송선욱, "전자상거래 과세에 대한 국제적 논의동향과 한국의 대응과제에 관한 연구", 한국관세학회, 「한국관세학회지」 제2권 제1호, 2001, p.116.

82) 오타와 각료회의는 범세계 전자상거래의 잠재력을 실현하기 위한 기본체계의 정립을 목표로 1998. 10. 7-9일 캐나다 Ottawa에서 열린 회의로 OECD 회원국 관련 장관 및 민관(民官) 국가대표단, 통신업계, 인터넷 관련 업계 등 민간업계 대표 및 WTO, WIPO, UN 등 관련 국제기구 및 소비자단체 등 NGO대표 등이 참석하였다.

확인하였다. 또한 '전자상거래 인증에 관한 각료선언'을 채택하여 기술 중립적이고 비차별적인 전자인증제도를 개발하기로 합의하였다. OECD 의 전자상거래 관련 논의 의제를 살펴보면 〈표 3-2〉와 같다.

〈표 3-2〉 OECD 전자상거래 관련 논의 의제

사무국	관련 위원회	논의의제
과학·기술·산업국	정보·컴퓨터·통신정책위원회	·전반적인 정책의 틀 ·정보 경제 ·컨텐츠 ·보안·사생활·암호화 ·접근, 통신정책
	산업위원회	·상업정책 및 중소기업 등
	소비자정책위원회	·소비자보호
금융·재정·기업국	재정위원회	·과세 ·소비자정책 등
무역국	무역위원회	·무역
교육·고용·노동·사회문제국	고용·노동·사회문제위원회	·교육 ·취업서비스
공공관리국	공공관리위원회	·기업 대 정부 간 EC

자료: 유창호, "OECD 전자상거래 논의 동향". 한국정보통신정책연구원, 「국제규범 워킹그룹 보고서」, 2002. 1, p.5.

아울러 오타와 각료회의에서는 OECD 조세 분야 보고서인 '전자상거 래의 조세골격 조건'을 승인하고 전자상거래가 기존 거래와 비교하여 더 불리하지 않은 조세대상이 되어야 한다고 선언하는 한편 소비세는 소비지국에서 과세되어야 하며 디지털제품(digital product)은 상품의 공급으로 보지 않는다는 원칙을 채택하였다.

조세 및 관세와 관련하여 전자상거래의 활성화에 따라 가상기업 및 가상공간 내 거래에 대한 관할권, 조세회피 및 포탈 등에 대응하는 국제협력의 필요성을 제기하였다. 특히 무형재화에 대한 조세부과가 기존 방식으로는 불가능함에 따라 새로운 방식이 필요하게 되었다.

Ottawa 각료회의에 참석한 OECD 회원국, 비회원국 및 민간업계 대표들은 전자상거래에 적용할 조세골격 조건(Taxation Framework Conditions)을 환영하면서 실물 재화의 국경 간 이동에 관하여는 세계관세기구(World Customs Organisation: WCO)와 긴밀히 협력하여 관세문제 논의를 발전시켜 나가도록 합의하였다.

<표 3-3> OECD의 조세제도 정비의 기본원칙

기 본 원 칙	내 용
Neutrality (중립성)	· 전자상거래 상호간 또는 전통적 상거래와 전자상거래 간 조세취급이 중립적이고 공평해야 함.
Efficiency (효율성)	· 세무당국의 징수비용과 납세자의 협력비용이 최소화되어야 함.
Certainty & Simplicity (명확·간편성)	· 조세원칙은 납세자가 결과를 예측할 수 있도록 분명하고 단순해야 함.
Effectiveness & Fairness (효과·공평성)	· 전자상거래 과세는 적기에 정확한 세액을 부과하여야 하고, 탈세 및 조세회피의 가능성이 최소화되어야 함.
Flexibility (유연성)	· 과세규정도 기술 및 산업발전에 탄력적, 동태적으로 대 응할 수 있어야 함.

자료: 홍범교, "전자상거래와 조세", 한국전자거래진흥원, 「국제규범 워킹그룹 보고서」, 2002. 1, p.134.

이와 관련하여 <표 3-3>와 같이 OECD 재정위원회는 현재의 기술적, 상업적 환경을 고려할 때 통상 거래에 적용되는 중립성, 효율성, 명확성·단순성, 효과성·공평성, 융통성 등 5가지 조세원칙이 전자상거래에도 적용되어야 한다고 결론지었고,[83] 또한 징세방안에 있어서는 금융기관에 의한 원천 징수방안이 효과적인 징세방안이 될 수 있음을 제시하였다.

<표 3-4> OECD의 징세방안

징세방안	장 점	단 점	비 고
신고납부	·B2B거래에 있어 실행 가능성이 높음 ·공급자 납세협력비용의 최소화 ·B2B거래에서 징세비용도 최소화	·B2C거래에서 개인의 납세협력비율이 낮음	·
비거주자의 등록	·자진납부가 어려운 B2C거래의 대안이 될 수 있음	·실제로 비거주자의 등록을 강제하기 곤란 ·비거주공급자에게 납세협력비용을 부담시킴 ·과세당국의 징수비용도 증가	·일정기준에 미달하는 공급자에게는 등록면제를 통하여 협력 유도
공급지과세와 양도	·과세당국의 거주기업 자산에 대한 접근이 가능하여 의무부과가 효과적임 ·납세협력비용이 작음	·다른 나라를 위한 세금징수 유인이 작음 ·공급자가 징세의무가 없는 비협정국에 위치한 경우 세수유실 ·징세비용 증가	·세수배분을 위한 과세당국 간의 국제적인 협조가 필수적
금융기관에 의한 원천 징수	·효과적인 징세방안이 될 수 있음	·납세협력비용이 큼 ·도입초기에는 징세비용도 클 수 있음	·금융기관에 대한 유인(수수료)이 필요

자료: 박노형, "전자상거래 관련 국제규범의 제정 동향과 내용 분석", 삼성경제연구소 외부전문가 기고, 2000. 12., p.39.

---

83) 법무부, 「뉴라운드와 전자상거래」, 2001. 1, pp.96-112.

OECD에서는 전자상거래의 사회·경제적 파급효과에 대한 연구를 계속해 나가는 한편 각 위원회 소관 사항에 있어서 전자상거래 관련 이슈들이 계속 논의될 것이다. 나아가 선·후진국 간, 그리고 국내 소득·교육·연령 계층 간 정보격차(digital divide)해소 등 현실적인 문제에 대해 관련 국제기구와 협력이 계속 이루어질 예정에 있다.

OECD는 전자상거래에 관한 국제질서 정립과 관련하여 개념 형성 및 국가 간 정책협력 측면에서 가장 활발한 활동을 하고 있는 국제기구의 하나로 OECD 내에서 정보통신뿐만 아니라 조세, 소비자보호, 무역 등 여러 해당위원회가 활동하여 새로운 전자상거래의 기본 틀(framework)을 마련하는 데 유리한 여건을 형성하고 있다. 따라서 우리나라는 OECD 회원국의 일원으로 정통부, 산자부, 재경부, 공정거래위 등 관계부처 간 긴밀한 협의를 바탕으로 전자상거래 논의에 지속 참여함으로써 OECD 활용도를 더욱 제고하는 것이 바람직할 것이다.[84]

(2) 주요 국가의 논의

1) 미 국

미국의 전자상거래 논의는 1997년 7월 1일 빌 클린턴 대통령이 '세계전자상거래골격'을 발표하면서 구체화되었다. 이에 따라 미국은 상무부, 무역대표부(USTR), 재무부, 연방거래위원회(Federal Trade Commission: FTC) 등 주요 연방기관들을 포함하는 전자상거래 작업반을 구성하여 미국의 전자상거래에 관한 정책 및 규범 형성에 노력하고 있다.[85]

---

84) 주OECD대한민국대표부, http://www.mofat.go.kr/mission/emb
85) 박노형, "전자상거래 관련 국제규범의 제정 동향과 내용 분석", 삼성경제연구소 외부전문가 기고, 2000. 12, pp.16-26.

특히 1997년 '세계 전자상거래골격'은 미국의 정보고속도로 구축에서 한 걸음 더 나아가 세계정보인프라(Global Information Infrastructure: GII)라는 목표를 설정하고, 이러한 GII환경에서 중요한 상거래 수단인 전자상거래에 적용되는 5가지 주요한 원칙들을 천명하였다.86)

이러한 원칙들은 첫째, 민간부문이 전자상거래를 이끌어 간다는 것, 둘째, 정부는 전자상거래에 관하여 적절하지 못한 간섭을 피한다는 것, 셋째, 정부의 간섭이 필요한 경우 그 목적은 예측 가능하고, 최소한도 이어야 하며, 양립 가능하고 명확한 법적 환경을 강화하고 유지하는 것, 넷째, 정부는 인터넷의 독특한 성질을 인정해야 하고, 마지막으로 인터넷을 통한 전자상거래는 전 세계적인 기초에 근거하여 촉진되어야 한다는 것이다.

이와 같은 원칙들은 급변하는 인터넷 전자상거래 환경에서 미국의 정책을 일관되게 유지하고 촉진하기 위해 계속 적용되고 있다. 미국은 이러한 1997년 세계 전자상거래골격과 함께 발표된 '전자상거래에 관한 대통령 지침'을 바탕으로 전자상거래에 관한 논의를 전개하고 있다.

미국 정부의 전자상거래 작업반은 1997년 세계 전자상거래골격 및 대통령지침의 추진 현황을 담은 제1차 연례보고서를 1998년 11월 발표하였다. 보고서에서는 전자상거래와 관련하여 13가지 범주로 논의를 전개하였다. 특히 보고서에서 다루고 있는 주요 논의사항에는 미 무역대표부에서 주관한 관세문제와 세계의 전자상거래 시장에 관한 문제, 상무부에서 추진하는 전자상거래 관련 특허보호의 문제와 도메인이름, 단일법골격 (Uniform Legal Framework)과 전자서명, 온라인상의 개인정보보호 및 기술표준 등의 문제가 있으며, 재무부 주관으로는 조세정책과 관련하여 전자상거래에서의 문제 등이 있다.

---

86) The White House, 'A Framework for Global Electronic Commerce', 1997. 7. 1.참조.

또한 미국의 전자상거래 작업반은 1998년 대통령의 두 번째 전자상거래에 관한 지침 에 따라 작업을 계속하여 1999년 12월 제2차 연례보고서를 발표하였다. 보고서는 지난 1997년 대통령 지침을 통해 작업을 하였던 주요 내용에 대한 성과를 포함하여 1998년 대통령의 두 번째 지침으로 나타난 초고속 인터넷 접속, 소비자보호, 전자상거래에 대한 개도국 참여의 증진, 디지털 경제의 측정 및 전자상거래에 중소기업의 참여 촉진 등의 문제를 다루었다.[87]

상무부는 1998년 4월 15일 디지털 경제에서의 전자상거래의 영향에 대한 이해를 위하여 미국에서의 전자상거래가 국가 경제에 미치는 영향을 분석한 보고서 '떠오르는 디지털 경제'를 발표하였다. 총 8장으로 구성된 보고서는 디지털 경제가 번영하기 위한 여건을 조성하는 데 있어 첫째, 시장이 주도하는 환경하에서 전자상거래가 성장해야 한다는 원칙을 재확인하였고, 둘째, 인터넷과 전자상거래를 위한 규정들은 정부의 규제가 아니라 민간의 축적된 활동 (collection action)의 결과이어야 하며, 셋째, 각국 정부는 예측 가능한 법적 환경의 창출을 지원하는 역할을 수행해야 하고, 넷째, 통신과 방송산업은 경쟁을 보장해야 하며, 다섯째, 인터넷 상거래에 대하여 차별적인 과세를 해서는 안 된다는 원칙을 설정하였다.[88]

한편 미상무부는 1999년 6월 '떠오르는 디지털 경제 Ⅱ'와 2000년 6월 '디지털 경제 2000'을 발표하여 전자상거래의 시장에 대한 효과를 매년 분석하고 있다. 이러한 미국 정부의 전자상거래에 관한 연례보고서 및 관련법들을 중심으로 미국에서의 논의되고 있는 조세 및 관세

---

87) U.S. Government Working Group on Electronic Commerce, 'Towards Digital eQuality', Second Annual Report, 1999. 12. 17. 참조.
88) U.S. Department of Commerce, 'The Emerging Digital Economy', 1998. 4. 15. 참조.

관련 동향을 살펴보면 다음과 같다.

1997년 세계전자상거래골격은 전자상거래에 완전한 무관세를 구현하여 모든 국가가 이익을 얻을 수 있으며, 전자상거래에 세금을 신설하여서는 안 된다고 규정하였다. 이후 미국에서의 전자상거래에 대한 조세 및 관세 부과의 특징은 일관되게 무과세를 유지하는 것이다. 특히 조세 분야에 있어 이러한 미국의 정책은 1998년 10월 시행된 '인터넷 면세법'89)에 구체화되어 있다. 이외에도 '인터넷 비차별법'90), '인터넷 접속요금금지법'91) 및 '전화소비세폐지법'92) 등이 하원에서 통과되어 미국의 무과세 정책 입장을 표명해 주고 있다.

---

89) 1998년 인터넷 면세법은 인터넷을 통한 상거래에 신규 조세 및 차별적 조세를 3년간 유예하도록 규정하고, 기존의 원격판매에 적용되는 과세 원칙을 인터넷에도 동일하게 적용시킬 수 있도록 법제도의 정비를 위한 위원회를 설치하는 것을 주요 내용으로 한다.

90) 미국의 조세정책과 관련하여 미 하원은 2000년 5월 10일 찬성 352표, 반대 75표로 '인터넷 비차별법'을 통과시켰다. 동 법은 2001년 만료되는 인터넷 면세법에서 규정된 전자상거래에 대한 3년간의 과세유예기간을 2006년 10월 21일까지 추가적으로 5년간 연장한다. 또한 1998년 10월 1일 11개 주에서 인터넷 면세법이 효력을 발생하기 이전에 신설된 인터넷 접속료 징수에 관한 조부조항 (grandfather clause)도 함께 폐기하였다. 따라서 동 법에 따라 인터넷 접속료에 대한 주정부의 과세는 금지된다.

91) 전자상거래의 기본이 되는 인터넷 접속의 요금과 관련하여 미 하원은 2000년 5월 16일 소비자에게 인터넷 접속 속에 대한 부가요금징수를 금지하는 '인터넷 접속료금지법'을 만장일치로 통과시켰다. 동 법은 연방통신위원회(Federal Communications Commission: FCC)가 인터넷 서비스 공급자에게 인터넷접근서비스에 사용된 시간에 기초하여 추가적인 요금을 부과하는 것을 금지하고 있다.

92) 미 하원은 2000년 5월 25일 찬성 400표, 반대 2표로 전화 및 기타 통신서비스에 관한 소비세 폐지를 위한 1986년 내국세법의 수정을 주된 내용으로 하는 '전화소비세폐지법'을 통과시켰다. 현재 3%의 전화특별소비세가 휴대폰과 팩스 및 컴퓨터 모뎀에 연결되는 라인을 포함하여 2억 5천2백만개 회선으로 추정되는 전화회선에 부과되고 있는데, 동 법은 2002년 10월 1일까지 3단계로 나누어 기존의 전화세를 점진적으로 폐지하도록 규정하고 있다.

한편 전자상거래와 관련한 관세 분야에서의 논의는 주로 WTO 전자상거래 작업프로그램에 따라 각국의 의견을 수집하면서 본격화되었다. 특히 미국은 1998년 2월 6일 전자상거래의 무관세화를 인정하는 규범이 필요함을 WTO 일반이사회에 공식적으로 제안하였다. 또한 미국은 1999년 2월 11일 WTO 각 이사회와 무역개발위원회에 제출한 문서를 통하여 온라인거래에 대한 무관세 관행을 영구화할 것을 주장하였다.

이후 각국은 WTO에서의 전자상거래 작업프로그램에 따라 관세 문제를 포함한 통상 관련 전자상거래 쟁점들에 대한 자국의 입장을 각 이사회 및 무역개발위원회에 제안하였다. 특히 미국은 이러한 제안을 통해 관세 문제에 있어 전자 전송에 대해 관세를 부과하지 않는 관행의 연장을 기대한다는 입장을 제시하였다.[93]

상기에서 살펴본 바와 같이 미국은 관세 분야에 있어 1998년 2월 6일 전자상거래의 무관세화를 인정하는 규범이 필요함을 WTO 일반이사회(General Council)에 공식적으로 제안한 이후 WTO 내에서 전자상거래 관련 논의를 통해 전자상거래에 대한 무관세를 현재까지 일관되게 주장하고 있다.

---

93) 실제로 미국은 전자상거래에 관세를 부과하지 않는다는 입장을 수시로 천명하여 왔다. Charlene Barshefsky USTR 대표는 1999년 7월 29일 Washington D.C.의 Woodrow Wilson 센터에서의 연설을 통해 전자상거래에 관세부과를 방지하는 것, 즉 가상공간을 비과세로 유지하는 것이 미국 정책에서 가장 긴급한 것이라고 언급하였다. 한편 William Daley 미 상무부 장관은 1999년 11월 30일 Seattle에서 열린 민간부문 프로그램(Private Sector Program)의 연설을 통해 사이버 공간에서의 무관세를 유지하고, 전자적인 수단으로 전달되는 전자정보에 대한 현행 관세유예를 확대하여 영구적인 무관세화를 이룩하기를 희망한다고 강조한 바 있다.

2) EU

유럽연합(EU)에서는 1997년 4월 15일 유럽위원회가 '전자상거래에 관한 유럽이니셔티브'를 발표하면서 본격화되었다. 유럽이니셔티브는 크게 네 부분으로 구성되어 있다.

첫 번째 부분인 '전자상거래의 혁명: 도전과 기회'(Electronic Commerce Revolution: Challenges and Opportunities)에서 EU 단일시장과 전자상거래는 상호보완적인 관계에서 발전할 수 있으므로 유럽에서의 전자상거래 확산은 유럽기업의 경쟁력 강화에 도움을 주게 될 것이라고 전망하였다. 또한 전자상거래 혁명은 EU 단일시장 내에서 경쟁을 자극하고 저비용 무역을 실현함으로써 상거래의 구조적 변화를 가져올 것으로 보았다.

두 번째 부분 '세계 시장에의 접근: 인프라, 기술 및 서비스'(Access to the Global Marketplace: Infrastructures, Technologies & Services)에서는 통신산업에 부과되는 높은 수준의 요율이 유럽에서의 전자상거래 발전에 주된 장애 요소가 되었음을 지적하고, 이미 통신자유화의 이행이 낮은 가격과 보다 탄력적인 가격 구조를 이끌고 있다고 지적하였다. 또한 WTO의 기본통신협정이 세계적인 전자상거래 시장의 출현에 계속 기여할 것이라고 진단하였다.

세 번째 부분은 '호의적인 규제골격의 창설'(Creating a Favourable Regulatory Framework)로서 EU 단일시장의 구조는 전통적인 기업형태에서 그 가치가 입증되었으며, 이는 전자상거래에 있어서도 마찬가지가 되어야 한다고 하였다. 이를 위하여 소비자와 기업의 신뢰를 얻기 위하여 안전한 기술이 개발되어야 하고, 예측 가능한 법률적 및 제도적 골격이 구축되어야 한다고 요구하였다.

마지막 부분인 '호의적인 기업환경의 촉진'(Promoting a Favourable Business Environment)에서는 전자상거래에 적합한 기업환경을 촉진하기 위해서는 유럽 기업들의 최선관행 (best practices)을 증진시킬 뿐만 아니라 소비자를 위하여 전자상거래에서 신뢰를 강화하는 것이 중요함을 인식하였다. 또한 각 회원국 정부들은 정부구매와 전자상거래 핵심기술의 수용 등의 방법으로 중요한 역할을 담당할 수 있을 것이라고 하였다.[94]

EU는 1997년 유럽이니셔티브에 기초하여 유럽위원회가 1998년 11월 18일 '내부시장 내 전자상거래의 법적 측면에 관한 유럽의회와 이사회 지침제안'을 제시하면서부터 가속화되었다. 이후 동 제안은 논의와 발전을 거듭하여 결국 2000년 5월 4일 유럽의회는 EU회원국들이 향후 18개월 내 국내법으로 이행해야 하는 전자상거래 지침('2000년 전자상거래지침')을 승인하였다. '2000년 전자상거래지침'은 2000년 7월 17일 관보에 게재됨으로써 효력을 발휘하였다.[95]

'2000년 전자상거래지침'은 회원국들 사이에 정보사회서비스의 자유이동을 보장하는 것을 목적으로 하고 있다. 이를 위하여 동 지침은 정보사회서비스, 서비스 공급자, 및 상업적 통신 등에 관하여 정의하고, 정보사회서비스 공급자의 설립과 정보요건, 상업적 통신, 전자적 수단에 의한 계약, 중간서비스공급자의 책임 및 이행의 문제 등에 대하여 규정하고 있다.

'2000년 전자상거래지침'의 주요 내용을 살펴보면 우선 정보사회서비스 공급자의 설립지를 웹사이트나 서버가 현재 위치한 곳 또는 운영자가 주소를 가지고 있는 곳 등에 관계없이 동 서비스 공급자가 고정된

---

94) European Commission, 'A European Initiative on Electronic Commerce', COM(97) 157 final, 1997. 4. 15. 참조.

95) Directive 2000/31/EC of the European Parliament and of the Council of 8 June2000 on certain legal aspects of international society service, in particular electronic commerce, in the Internal Market("Directive on Electronic Commerce"), OJ L178/1. 2000. 7. 17. 참조.

시설을 통하여 실제로 경제활동을 추구하는 장소로 정의하였다. 또한 운영에 있어 회원국들이 기타 수단에 의하여 제공되는 동종 서비스에는 적용되지 않는 정보사회서비스에 대해 특별한 허가체제를 부과하는 것을 금지하고 있다.

둘째, 전자수단에 의한 계약의 체결과 관련하여 동 지침은 회원국들에게 전자계약의 이용에 대한 금지나 제한을 제거할 의무를 부과하였다. 또한 동 지침은 소비자들이 기술적인 실수를 하지 않도록 하기 위해 전자계약의 체결을 위한 몇 가지 정보요건 (information requirement)을 부과함으로써 법적 안정성을 보장하도록 하고 있다.

셋째, 중간서비스공급자의 책임과 관련하여 동 지침은 기존의 법적 불확실성을 제거하고, 회원국 간 다양한 접근을 피하기 위해 중개자들이 제3자로부터 정보를 단순히 전달하는 것과 같이 수동적인 역할을 하는 경우에 중개자들에 대해 책임을 면제하고, 정보의 저장과 같은 기타 중개적 활동에 대해서는 서비스공급자의 책임을 제한하였다.

넷째, 집행과 관련하여 EU 및 회원국 내 법률의 집행 보장을 위한 체제의 강화를 추구하고 있다. 즉 EU 수준에서 행동규약 (codes of conduct)의 발달을 장려하고, 대안적인 분쟁해결제도의 설립을 용이하게 하도록 하였다. 또한 회원국들에게 온라인 환경에 적절한 빠르고 효율적인 법적 구제를 규정하도록 요구하면서, 동시에 동 지침에 따라 규정된 규칙의 위반에 대한 제재가 효과적이고 비례적이 되도록 보장할 것을 요구하였다. 그 밖에 상업적 통신 (commercial communication)의 정의와 회원국 국내법의 상호인정, 명예훼손, 투명성 등 전자상거래에 관련된 다양한 규정을 담고 있다.

조세 및 관세와 관련하여 EU에서는 미국의 경우와는 달리 간접세 비중이 큰 특성상 주로 부가가치세와 관련하여 검토되었다. 이러한 검토는 회원국 간 부가가치세의 공동체제에 관한 1977년 VAT지침을 기초로 발전하여 왔다.

1998년 6월 유럽위원회는 '전자상거래와 간접세에 관한 통신'을 채택하여 EU 각 기관에 전달하였는데 동 통신에서 '1997년 전자상거래에 관한 유럽이니셔티브'에서 명확하고 중립적인 조세환경을 보장할 필요성이 강조되었으며, EU는 전자상거래의 충분한 발전을 위해서 부가가치세 체제의 법적 확실성 (legal certainty), 간소함 (simplicity) 및 중립성 (neutrality)을 요구하고 있다고 천명하였다.[96]

2000년 6월 7일 유럽위원회는 전자적으로 전송되는 서비스에 대해 적용되는 부가가치세에 관하여 1977년 VAT지침 수정 제안에서의 행정적 협력에 대한1992년 규칙을 수정하는 제안을 하였다. 동 제안은 EU역 내에서 이루어지는 전자상거래라 하더라도 그 구매가 EU역 외에서 이루어질 경우에는 부가세를 면제하는 것을 주된 내용으로 하고 있다.

한편 전자상거래와 관세의 문제에 있어서 EU는 주문, 결제, 배달이 모두 인터넷으로 이루어지는 온라인거래에 대한 무관세화를 유지하는 것에 원칙적으로는 동의하고 있다. EU의 전자상거래와 관련한 관세에 대한 입장은 WTO 전자상거래 작업프로그램에 제출한 의견서를 통하여 알 수 있다. 제안서에서 EU는 전자상거래가 2가지 유형, 즉 주문은 전자적으로 이루어지면서 배달은 물리적으로 이루어지는 경우와 전자적으로 전송되는 경우를 포함한다고 하였다.

EU는 전자의 경우에는 GATT의 범위에 포함되며, 후자의 경우에는 GATS의 범위에 포함된다고 주장하였다. 특히 관세와 관련하여 논의되는 것은 모든 거래가 온라인(on-line)상에서 이루어지는 후자의 경우인

---

96) 'E-commerce and Indirect Taxation: Communication by the Commission to the Council of Ministers, the European Parliament and to the Economic and Social Committee', CON(98) 374 final, 1998. 6. 16. 참조.

데, EU는 현재 국제사회에서 이러한 온라인거래에 관세를 부과하지 않는 관행을 유지한다는 데 동의하고 있다.

그러나 이러한 전자적 전송의 경우에는 이를 어떤 유형의 공급형태, 즉 상품의 전송과 서비스의 전송 중 어느 유형으로 보는가에 따라 다른 논의가 전개될 수 있음을 시사하였다.

EU가 미국의 무관세원칙에 비해 전자상거래에 대해 부가가치세를 적용하자고 하는 배경은 미국은 부가가치세가 존재하지 않는 반면에 스웨덴 25%를 비롯하여 여타 유럽 국가들은 상당히 높은 부가가치세 비율을 유지하고 있기 때문이다. 따라서 인터넷 상거래의 급속한 발전과 이에 따른 거래규모의 급증으로 인해 중요한 국가세수의 감소를 가져오게 될 것이 예상됨으로 이와 같은 입장을 갖게 된 것이다.[97]

3) 일 본

일본의 전자상거래에 관한 논의는 총리실 산하에 고도정보통신사회추진본부를 설치하여 1995년 2월 21일 '고도정보통신사회를 위한 기본방침'을 발표하고 관련 작업의 검토에 들어가 1998년 11월 9일 최종안을 확정·발표하면서 본격화되었다.

일본은 1999년 4월 16일 기본방침의 구현을 위해 3대 행동원칙과 4대 당면목표가 포함된 행동계획(Action Plan)을 발표하였는데, 고도정보통신사회 행동계획의 3대 원칙은 우선 전자상거래 발전은 원칙적으로 민간주로도 이뤄져야 한다는 것이다. 둘째, 정부의 역할은 이러한 민간활동을 이끌어내는 환경의 정비를 기본으로 하여 불필요한 규제나 제한을 두지 말아야 하며 또한 규제 등의 관여를 할 경우라도 명료하

---

97) 송선욱, "전자상거래 과세에 대한 국제적 논의동향과 한국의 대응과제에 관한 연구", 한국관세학회, 「한국관세학회지」 제2권 제1호, 2001, p.128.

고 투명하도록 하여 거래 당사자에게 불확실성을 주어서는 안 된다는 것이다. 셋째, 국경을 초월하는 전자상거래의 특성상 국제기관이나 외국과의 조정 및 국제적인 조화 확보와 세계적 표준에 관한 논의에 적극적으로 참여를 해야 한다는 것이었다.

또한 일본의 1999년 고도정보통신사회행동계획의 4개 당면목표 중 첫 번째 목표는 전자상거래 등 추진을 위한 환경정비로 전자상거래의 발전을 위하여 전자인증, 개인정보 보호, 유해컨텐츠 대책, 소비자 보호, 보안 및 범죄 대책, 전자거래제도의 정비, 전자결제 및 전자화폐, 지적재산권, 도메인이름, 과세 및 기타 등의 문제해결을 한다는 것이다.

두 번째 목표는 공공 분야의 정보화로 행정의 정보화, 학술의 정보화를 포함한 연구 분야의 정보화, 문화·스포츠 분야의 정보화, 보험·의료·복지 분야의 정보화, 도로·교통·차량 분야의 정보화, 공공 수송 분야의 정보화, 방재·기상 분야의 정보화, 환경 분야의 정보화, 노동·고용 분야의 정보화, 지리정보시스템 (GIS)의 정비 및 상호 이용의 추진 등의 문제해결을 한다는 것이다.

세 번째 목표는 정보 해독능력 (literacy)의 향상 및 인재 육성과 교육의 정보화이고, 네 번째 목표는 차세대 인터넷, 광섬유망, 글로벌 이동통신시스템 및 방송의 디지털화 등 네트워크 인프라의 정비이다.[98]

일본은 조세 및 관세와 관련하여 전자상거래의 발전으로 경제거래가 복잡화·국제화될수록 전자상거래에 대한 과세는 공평·중립·간소해야 하며, 국제적 정당성을 확보해야 함을 강조하였다. 이와 관련하여 통산성은 국경을 넘나드는 디지털제품에 대한 현재의 무관세 관행을 연장하였으나 동시에 앞으로의 과세 방안에 대해서도 검토 중에 있다.

그러나 고도정보통신사회 행동계획에 따라 전자상거래 무관세 문제

---

98) 不正アクセス行爲の禁止等に關する法律(平成 11年 法律 第126號) (http://www.miti.go.jp/kohosys/topics/10000098/esecu02j) 참조.

에 있어서 전자상거래를 통한 국제무역에 대해서는 관세를 부과하지 않는 현행 체제의 유지를 지지하고 있다.

(3) 우리나라의 논의

우리나라는 1997년 7월 9일 대외경제조정실무회의에서 '전자상거래 세계동향과 대책' 논의에서 현재의 산업자원부인 통상산업부가 주관부처가 되어 인터넷 전자상거래 대응책을 수립키로 결정하면서 전자상거래 추진의 종합적인 대책이 이루어지기 시작하였다.

1997년 7월 18일 정보통신부 주재 CALS/EC 관련 정책 협의에서 통상산업부가 추진 중인 산업정보화산업의 일환으로 통상산업부 차관을 위원장으로 한 전자상거래 정책협의회를 구성하여 범정부적 대책을 마련키로 하였다. 또한 1997년 8월 8일 통상산업부에서 인터넷 전자상거래 관련 핵심 분야별 정보교환 및 실무협의를 위한 전자상거래 추진사무국을 발족하였고, 1997년 8월 11일 통상산업부가 전자상거래 특별 대책회의에서 '인터넷 전자상거래 종합대책'을 발표하기에 이르렀다.

1997년 8월부터 9월 초까지는 전자상거래 특별 대책회의를 토대로 하여 각 부처별로 관련 사안에 대한 현황과 추진계획을 수립하고, 각 부처별 세부추진계획을 반영, 인터넷 전자상거래 종합대책을 수정·보완하여 정보화 추진위원회에 상정 최종 협의하였다. 이에 현재의 산업자원부가 종합대책발표 이후 각 관련 부처에서 자체적인 연구노력이 진행되었는데, 특히 재정경제부에서는 무관세와 이에 대한 대응방안, 정보통신부에서는 요소기술개발을 위한 기술전문위원회 구성 등을 통해 관련 사안들에 관하여 추진 및 연구 중에 있다.

한편 관세문제와 관련하여 우리나라는 미국이 인터넷 무관세지역화를 주장함에 따라 인터넷을 활용한 전자거래에 대한 관세부과가 어렵고, 전자거래 시장을 왜곡·축소한다는 논리를 내세워 인터넷 교역이 급증함에 따라 각국 정부 또는 지방정부가 이를 좋은 세원으로 보고 새로이 관세를 부과하려는 움직임을 사전에 차단하고 무관세원칙에 대한 국제적 합의를 이끌어 내려는 의도로 보고 있다. 또한 무관세 대상으로는 상품의 배달까지도 인터넷에서 이동 가능한 컴퓨터 소프트웨어, 영상, 음악 등의 전자신호 형태로 이루어지는 거래를 말한다. 이에 대해 우리나라는 인터넷 교역 무관세화에 대한 대책수립을 재정경제부에서 수립하고 있다. 즉 유체물인 상품은 현행대로 관세를 부과하고, 무형의 상품은 잠정적으로 무관세 제의에 동의하고 있다. 또한 영상, 음악 등이 인터넷을 통하여 전송되는 경우, 이는 이미 관세부과 대상 물품이 아니므로 미국의 무관세화 주장을 거부할 필요가 없다는 것이고, 무관세화에 대한 다른 국가의 반응과 향후 관세 부과의 기술적 가능성 등을 파악하여 이를 기초로 입장을 재정립하고 있다.[99]

그러나 기존의 상거래에서 관세부과 대상이던 재화가 전자상거래를 통하여 주문되고 인터넷 등의 전자매체를 통하여 소비자에게 전달되는 경우, 거래수단별 과세차별의 문제가 생기며, 인터넷을 통한 상품주문이 늘어날 경우 기존매체를 통한 거래를 전자상거래가 급속히 대체하게 될 가능성이 많아 관세수입은 줄어들 수 있다는 문제점을 지적한 바 있다.

우리나라의 현행 관세법시행령에서는 수입물품의 과세가격은 "우리나라에 수입 판매되는 물품에 대하여 구매자가 실제로 지급하였거나 지급하여야 할 가격에 당해 물품에 관련된 특허권·실용신안권·상표권 및 이와 유사한 권리를 사용하는 대가로서 당해 물품의 거래조건으

---

99) 김재우, 「사이버무역실무」, 두남, 2001. 1, pp.45-46.

로 구매자가 직접 또는 간접으로 지급하는 금액을 가산하여야 한다."라고 규정하고 있다.[100]

또한 관세법 시행령에서는 "이와 유사한 권리라 함은 저작권 등의 법적 권리와 법적 권리에는 속하지 않지만 경제적 가치를 가지는 것으로서 상당한 노력에 의하여 비밀로 유지된 생산·판매방법 기타 사업활동에 유용한 기술상 또는 경영상의 정보 등을 말한다."고 하여 저작권뿐만 아니라 노하우도 포함시키고 있다.[101]

유형의 재화가 인터넷을 통하여 주문되고, 전통적인 방법으로 전달될 경우에는 기존의 전화주문 및 우편주문과 동일하게 취급되어 적정한 관세가 부과되어야 한다. 예를 들어 컴퓨터 소프트웨어의 경우, 관세는 단지 소프트웨어를 저장하고 있는 매개체(공 디스켓)의 가치에만 부과되고 소프트웨어 자체의 가치에 대해서는 관세가 부과되지 않는다. 만약 상품의 전달이 인터넷에서 이루어진다면 매개체는 더 이상 존재하지 않으므로 관세를 부과할 수 없다는 것이므로 이러한 점은 추후 논의할 필요성이 있을 것이다.

또한 관세법에 의거 "수입물품에는 관세를 부과한다(제14조)"는 규정과 관련하여, 우리나라에서는 수입물품과 관련되어 지급되는 사용료소득은 관세의 과세대상이 된다. 다만 수입물품과 관련이 없는, 즉 통관절차를 거치지 않고 수입되는 저작권이나 노하우(know-how)의 경우에는 현실적으로 관세부과대상이 되지 않고 있다. 구체적으로 상품별로 구분해보면, 소프트웨어와 전자도서의 경우 매체에 대해서만 과세하고 있으나 비디오, 영화필름 등에 대하여는 매체뿐만 아니라 수입품 전체를 대상으로 과세하므로 기존 상거래 방식으로 통관절차를 거쳐 수입되는 경우와 이들 재화가 온라인으로 공급되는 경우는 관세부과에 있

---

100) 관세법시행령 제19조 제2항.
101) 관세법 시행령 제19조 1항.

어서 차별적으로 대우받게 되어 과세 중립성의 원칙이 무너진다는 문제점이 있으므로 이에 대한 논의도 필요할 것이라 생각된다.

산업자원부에서는 확대 정보기술협정(ITA-Ⅱ)에 대한 대책수립을 행하고 있다. 이는 미국이 전자상거래 관련 설비에 대한 추가적인 무관세화와 인터넷 교역의 무관세화를 강력하게 추진할 계획이므로 이에 대한 대비가 필요하다는 것 때문이다. 이와 함께 일본, 대만, 싱가포르 등 아시아권 국가들과의 협력을 통해 무관세화에 대한 국제규범 제정 논의에 적극 참여하기 위한 일환으로 아시아권 국가들과의 협력체제 구축에 노력하고 있다.

우리나라는 향후 WTO와 OECD 및 WCO 등의 국제적 논의 추이 및 과세기술의 발전 등을 바탕으로 관세부과에 대하여 면밀히 검토하고 대비하여야 할 것이다.

2. 전자 전송물의 논의 동향

(1) WTO

WTO는 전자 전송물의 분류문제에 대하여 난처해하는 기색을 표하고 있으나 분류의 결정에 있어서는 필요하다는 입장을 보이고 있다. 이와 관련하여 전자 전송물 가운데 만약 객관적으로 상품으로 분류될 수 있는 것이 있다면 이 경우 WTO 상품무역협정(GATT)을 적용해야 할 것이며, 데이터의 전자적 전송과 같이 서비스로 간주해야 하는 경우에는 서비스무역협정(GATS)을 적용해야 한다는 입장이다. 여기서 분류에 따라 적용되어지는 WTO의 GATT와 GATS의 주요 차이점을 살펴보면 다음의 〈표 3-5〉와 같다.

100

〈표 3-5〉 WTO의 GATT와 GATS 규범의 주요 차이점

	GATT	GATS
일반원칙	최혜국대우(MFN) 내국민대우(NT)	·분야별 구체적인 개방약속에 의존
수량제한(Quota)	수량제한 금지	·시장접근 제한의 경우, 수량제한 허용
관 세	관세부과를 전제	·구체적 약속에 따라 내국민대우 부여 ·이외에는 관세/과세에 대한 언급 없음
교 역	국경 간 상품 교역	·서비스 교역의 일부로 자연인의 이동 및 상업적 주재와 고정사업장도 고려
기 타	정부조달 및 세이프가드 등 규정	·없음

자료: GATT Secretariat, 『THE RESULT OF THE URUGUAY ROUNDOF MULTILATERAL TRADE NEGOTIATIONS』-GATT1994 & GATS, GATT Secretariat, 1994.

그러나 WTO는 디지털화된 내용이 전자적 수단을 통해 전달되었을 때 이를 상품으로 분류할 수 있다 하더라도 상품무역협정을 그대로 적용할 수 있는지에 관해서는 계속 논의되어져야 할 쟁점으로 남기고 있다.

또한 전자 전송물이 비록 상품 그 자체로 분류될 수는 없다 하더라도 상품대체물(substitute to goods)일 수 있다는 점, 예를 든다면 디지털화된 데이터의 형태로 인터넷에서 다운로드 받은 음악의 내용물은 시장에서 구입할 수 있는 물리적 CD(physical CD)와 비교해 볼 때 그 대체성을 인정할 수 있다는 것이다. 그러므로 인터넷에서 다운로드 받은 소프트웨어는 시장에서 구입할 수 있는 물리적 형태의 소프트웨어나 디스켓 또는 CD 등을 완벽하게 대체할 수 있는데, 이 경우 물리적 제품에 대해서만 관세가 부과되어야 하고, 다운로드된 데이터에 대해서 관세가 부과되지 않는 것은 문제가 있다는 의견도 제시되고 있다.

그리고 데이터를 다운로드하였을 때 이를 수입의 개념에 포함시킬 수 있는지도 관건이다. 즉 관세는 국가 간 상거래에 있어 그 물품이 자국의 영토로 들어올 때 부과되는데, 전자상거래의 경우 그 물품이 국경을 통해 실제로 넘어온 것인지 그래서 이를 상품무역협정(GATT) 제2조에 따른 '수입'이라고 볼 수 있는 것인지 명확하지 않으며, 이와 함께 다운로드된 물품에 대해 기존의 동종제품(like product)의 개념을 어떻게 적용시킬 수 있는지 연구가 필요하다는 입장이다.

더불어 상품무역협정(GATT)의 적용대상과 서비스무역협정(GATS)의 적용대상은 유통과정의 차이에 따라 구별시킬 수 있다면서 이른바 개별화된 유통은 서비스무역협정의 적용대상이이며, 전자적 전송을 통한 데이터의 유통이 대량적으로 이루어질 경우에는 상품무역협정을 적용해야 한다는 점도 고려해야 할 사항으로 보고 있다.

디지털화된 물품처럼 정형화된 외형은 없으나 그 내용 자체가 의미 있는 것에 대해 기존 방법을 그대로 적용하여 상품 또는 서비스 중 하나로 분류시키려는 시도도 문제가 있음을 지적하고 있다.

현재 WTO 내에서도 디지털 콘텐츠를 전자적으로 전송할 때에 관세를 부과하지 않고 CD 등에 담아 수출할 때에는 관세를 부과하는 WTO의 이중적인 잣대에 대한 문제에서부터 디지털 콘텐츠를 상품으로 볼 것이냐 아니면 서비스로 볼 것이냐를 두고 상품교역이사회와 서비스 교역이사회 간의 의견이 조화를 이루지 못하고 있는 실정이다.

(2) 미 국

미국에서는 전자 전송물의 분류는 공통적인 쟁점사항이며, 이를 보다 깊게 탐구할 필요가 있음을 강조하고 있다. 미국은 GATT 혹은 GATS

양 협정의 일부 요소가 전자상거래에 적용된다고 보고 있다. 그러나 양 협정 간의 갈등은 무역을 제한하지 않고 현재 전자상거래가 향유하고 있는 보다 자유로운 무역환경이 유지되는 방법으로 해결되어야 한다는 입장이다.[102]

상품과 서비스에 대한 시장접근 및 기존 양허내용을 후퇴시키지 않는다는 것은 전 세계의 모든 산업의 기업체에게 매우 중요하며, 현 시점에서 GATT 아니면 GATS와 같은 결정을 내리는 곳을 피하는 것도 좋다는 견해를 보이고 있다.

무역을 제한하기보다는 자유화시키고 모든 거래를 서비스로 분류하여 불확실성을 가져오기보다는 투명성을 증대시키는 WTO의 중요한 원칙을 지켜야 한다는 것이다. 상품, 서비스 혹은 지적재산이 전자적으로 전송된다고 하여 기본적인 특성이 바뀌는 것이 아니기 때문에 현재의 WTO 의무, 규범, 약속, 즉 GATT, GATS 및 TRIPs는 상품, 서비스 및 지적재산권의 전자 전송에 적용될 수 있다는 것이다.

따라서 전자 전송물에 대한 무역 측면에서의 처리와 분류는 내재하는 상품, 서비스 및 지적재산권에 대하여 역사적으로 적용되어오던 것보다 적어도 불리하게 대우하여서는 안 될 것이며, 전자상거래 작업프로그램 관련 4개 산하기구의 작업계획과 협상을 통하여 WTO 회원국은 전자상거래에 대한 무역 측면의 처리 및 분류를 개선하여 전자상거래를 발전시켜야 한다는 것이다.

모든 전자 전송이 서비스라는 접근은 법률적 불확실성을 가져오고 전자상거래를 불필요하게 제약할 가능성이 있다. 모든 다운로드 제품이 서비스라고 주장하는 경우 이 결정이 도움이 되는지를 설명해야 할 것이다. 미국은 전자상거래의 상당 부분이 일부 서비스를 수반하는 것에

---

102) 윤창인, "WTO의 전자 전송물 분류에 대한 논의 및 우리의 대응", 한국전자거래진흥 원, 「국제규범 워킹그룹 보고서」, 2002, pp.93-94.

동의하고 있으나 전자상거래를 GATS의 대상으로 범주화시키는 결과로 상품부문을 포함하여 다양한 분야에서의 양허수준을 무효화하여 기존 양허수준을 약화시키지는 말아야 할 것임을 강조하고 있다.

(3) EU

EU는 원칙적으로 전자적 전송물이 서비스로 취급되어야 한다는 입장에 서 있다. 이러한 원칙에 따라 유럽연합은 원론적으로 전자상거래에는 3가지의 전송유형이 존재함을 전제로 하여 논의를 진행시키고 있는데, 전송유형을 살펴보면 첫째는 온전히 통신용으로 전자전송이 발생하는 경우로서 소리, 자료 혹은 이미지 등 그 자체가 서비스활동을 구성하지 않는 전송을 의미하며, 이 경우 전자 전송은 어떤 콘텐츠 서비스 혹은 거래를 수반하지 않는다는 것이다. 예를 들면 인터넷 전화, 전자우편 혹은 DB 전송의 경우 등이다.

둘째, 꽃 혹은 식품과 같이 인터넷으로 주문하고 이어서 물리적으로 현물이 인도되는 경우가 있다는 것, 셋째, 현재 이러한 거래방법은 아직 모든 서비스 부문에 폭넓게 이용되고 있지는 않지만 전체 거래가 전자적 형태로 수행될 수 있는 경우로 콘텐츠로 구성되는 서비스는 전자적 형태로 주문되고 인도될 수 있다. 예를 들면 전자적 형태로 요청하고 인도되는 법률자문, 인터넷으로 주문하고 배송되는 영화 및 온라인 은행서비스를 생각할 수 있다.[103]

유럽연합은 이 모든 유형의 전자 전송은 GATS의 범주에 속하는 서비스이며, 나아가 인터넷과 같은 네트워크에의 접속서비스도 GATS의 적용대상이라는 것이다.[104] 상품주문이건 서비스 구입이건 어느 전자상

---

103) 윤창인, 전게서, p.94.

거래에도 네트워크의 접속은 필요하며, 제품의 구입이 없는 정보수집의 경우에도 인터넷에의 접속은 필요하다. 인터넷은 어느 사적 조직이 운영할 수 없는 개방 네트워크로 상업적 인터넷 네트워크 운영자는 있을 수 없다.

인터넷 서비스제공자(ISP)는 기존 자율운영 네트워크에의 접속을 제공하는 서비스 공급자이다. 인터넷으로 주문되고 물리적으로 인도되는 꽃, 서적, 음식, 음료 등 제품은 GATT 대상이나 GATS에 해당하는 인터넷 접속서비스, 통신서비스, 유통서비스의 세 가지의 서비스로 구성된다.

전자적으로 인도될 수 있는 콘텐츠의 경우 인터넷은 온라인으로 서비스를 주문하고 인도하는 데 이용한다. 인터넷을 통하여 은행 및 증권 거래서비스, 원거리 대학 학위 과정 이수, 컨설팅, 법률 및 의료진단 서비스 이외에 광고서비스, 출판 및 영화배급도 최종사용자에게 인터넷을 통하여 제공이 가능하다.

GATS의 규범은 전자 수단을 통한 서비스의 주문과 인도에 적용된다. 따라서 이미 제출한 GATS 구체적 약속의 양허 내용에 따라 금융, 전문직, 시청각, 의료 혹은 교육 등 다양한 서비스부문에 대하여 전통적인 방법 혹은 전자적 방법이건 방법에 관계없이 제공될 수 있도록 하여야 한다는 견해를 보이고 있다.

---

104) 전자적으로 주문하여 유형적으로 전달되는 상품은 GATT의 적용을 받지만, 전자적으로 전달되는 경우에는 서비스를 구성하므로 GATS가 적용되어야 한다는 입장이다. GATS의 기술중립성 원칙에 대해서는 달리 정하지 않는 한 서비스 제공을 위해 사용된 기술에 관계없이 특정한 서비스가 양허표상에 기재될 때 양허가 이루어지고, GATS의 최혜국 대우와 내국민대우 원칙을 적용하기 위한 '동종 서비스(like service)'의 유사성은 당해 서비스가 전자적으로 전송되는지의 여부와는 관계가 없으며, GATS가 토대로 하고 있는 모든 네 가지의 공급형태(mode)를 전자적 전송물에 적용 할 수 있다는 것이다.

(4) 일 본

일본은 디지털 콘텐츠의 전송매체를 통한 수록 및 국제적 거래는 GATT 규범을 적용해야 하며, 동일한 콘텐츠가 인터넷을 통하여 전송될 때에 최혜국대우(NFN), 내국민대우(NT) 및 수량적 제한의 전면적 금지를 무조건 인정하는 GATT에 따르는 것은 당연하다는 논의이다. GATT하에서도 MFN, NT 및 수량적 제한의 금지를 무조건 인정하는 것은 디지털 콘텐츠에 대한 상품 혹은 서비스의 구분을 무의미하게 할 수 있으며, GATS 규범 적용방안에 대하여 그 구체적 과정 및 타당성에 대한 추가적인 검토가 필요하다는 입장이다.

소프트웨어 및 서적은 GATT 수준 규범으로 다루어져야 할 대표적인 디지털 콘텐츠의 예이며, 그 밖에 음악 및 이미지를 수록한 CD, 비디오 등 여타 매체도 이 범주에 포함되어야 한다. 디지털 콘텐츠가 전송매체에 수록되어 국제적으로 거래되는 경우에 GATT 규범이 적용된다면 같은 디지털 콘텐츠가 인터넷을 통하여 유통될 때 또한 GATT 수준의 대우를 받아야 한다는 것이다.[105]

(5) 인도네시아와 싱가포르

인도네시아와 싱가포르는 WTO 규범들이 전자적 전송물과 유형적으로 유사한 물건들을 차별해서는 안 된다고 하는 원칙에 초점을 맞춤으로써 보다 온건한 접근방법을 취하고 있다.[106]

---

105) 윤창인, 전게서, p.95.
106) WTO, "Preparations for the 1999 Ministerial Conference: Work Programme on Electronic Commerce, Communication from Indonesia and Singapore", WT/GC/W/247, at 2-3 July 9, 1999.

이들 국가들은 향후 전자 전송화된 상품의 도래는 기존의 재화와 서비스의 구분을 어렵게 할 것이고, 이러한 전자적 전송물은 재화와 서비스의 중간 영역에 속하는 것이므로 그 분류여하에 관계없이 공정하고, 개방적이며, 투명한 전자상거래시장에의 접근을 위해 최혜국대우 및 내국민 대우원칙은 일관되게 적용되어야 한다고 주장하고 있다.[107]

(6) 한 국

우리나라에서는 전자 전송물을 어떻게 볼 것인지에 대해서 상품과 서비스를 나누는 기준을 그 물품의 외형으로 설정할 때, 전자 전송물을 서비스라고 보는 견해가 타당할 수 있다는 입장을 보이고 있다.

그러나 전자 전송물을 내용물(content)과 그 매개체로 구별하여 전송물을 내용물에 국한시켜 평가한다면 이론적으로는 전송물 가운데 일부를 상품으로 볼 수도 있으며, 특히 전자 전송물 가운데에는 현실세계에서 전통적인 수단에 의해 소비자에게 전달되는 물품과 사실상 같은 것 또는 이와 아주 밀접한 대체재 관계가 성립될 수 있는 물품이 존재한다는 점을 고려할 때 전송물 가운데 일부를 상품으로 볼 수도 있다는 의견이다.[108]

따라서 이 경우 동일한 물품에 대해 그 유통 형태에 따라 상품무역협정이 적용될 수도 있고, 서비스무역협정이 적용될 수도 있다는 결론이 내려질 수 있을 것이므로 거래에 혼란이 있을 수 있다는 견해를 보이고 있다.[109]

---

107) 이러한 입장은 미국과 일본에 대치되는 EU 간의 견해대립에서 중간적 입장을 취하되 전자적 전송물이 서비스적 요소에 더 가깝다고 하면서도 그 규제는 GATT 규범에 따라야 한다는 것으로 보인다.

108) 박노형, "전자상거래 관련 국제규범의 제정 동향과 내용 분석", 삼성경제연구소 외부 전문가 기고, 2000. 12, p.58.

제3절 전자상거래의 교역현황

전자상거래는 네트워크의 발전으로 더욱 가속화되고 있고, 전자상거래 발전을 위해서 기업이나 개인들이 빠른 속도로 참가하고 있어 더욱 활성화 될 것이다. 전자상거래의 시장규모는 실물시장의 규모와 비교하면 아직 미미한 수준이지만 향후 급속히 확대될 추세이다. 이러한 전자상거래가 급속히 확대될 것으로 보는 주요 근거는 전 세계적으로 인터넷 이용자수가 1995년 이후 연평균 34%씩 증가하고 있기 때문이다. 본 절에서는 급속히 성장하고 있는 전자상거래의 교역현황을 살펴보기 위하여 지역시장별 및 상품별 동향을 살펴보고자 한다.

1. 지역시장별 교역현황

미국의 시장조사 기관인 포레스터 리서치는 2000년 약 6천6백억 달러 정도에 이른 세계 전자상거래 시장의 규모가 2004년에는 10배 이상 커진 약 6조 8천억 달러에 이를 것으로 예상하고 있으며, 동아시아와 서유럽 지역의 전자상거래규모가 2년 안에 급속히 성장하여 현재 북미

---

109) 만약 그것을 정보의 대량공급인지 아니면 개별적으로 특화된 공급인지에 따라 상품 또는 서비스로 구별하려는 견해는 기존의 구별방식, 즉 물품의 외형에 따라 상품 또는 서비스로 구별하려는 것이 아니라 전혀 다른 측면에서 그 기준을 찾고 있다는 점에서 특히 전자상거래를 제3의 독자적인 영역으로 규정해야 한다는 입장에서 보면 일면 창의적인 견해로 평가할 수 있으나 모든 전자상거래에 대해서는 현실세계와 완전히 다른 규범을 적용한다는 전제에 서지 않는 이상 물품의 외형을 전제로 상품 또는 서비스로 나누는 기존 규범체제와의 혼란을 충분히 예상할 수 있다. 또한 무엇을 기준으로 대량공급과 특화된 공급으로 나누는지에 대해서도 논리적인 해답을 제시하기 어렵다는 지적을 이 견해는 면하기 어렵다 할 것이다.

지역을 중심으로 이루어지는 세계 전자상거래 시장을 재편시킬 것이라 전망하고 있다.

또한 포레스터 리서치는 거래량 기준으로 인터넷을 통해서 가장 많이 거래되고 있는 상품은 하드웨어, 소프트웨어, 관련 서적 등 컴퓨터 관련 상품이 인터넷을 통해 거래되는 물품의 약 40%를 차지하고 있는 것으로 보고하고 있다.

온라인 음반시장도 전체 음반시장에서 차지하고 있는 비중이 증가추세에 있고, 서적 및 신문의 경우도 데이터베이스 검색의 편의성으로 인하여 인터넷에서 폭넓은 소비자층을 확보해 가고 있는 추세에 있으며, 온라인 서적시장에서도 시장점유율이 점차 증가하고 있음을 밝히고 있다.[110]

한편 통계청 자료에 의하면 우리나라의 전자상거래 시장규모는 2000년 57조5,584억 원에서 2001년에는 119조 556억 원, 2002년에는 176조 6,570억 원으로 증가하였으며, 이는 2002년을 기준으로 볼 때 전체 산업 매출액 1,386조 원의 12.7%에 달하는 것으로 나타났다.

---

110) Forrester Research, "Global eCommerce Approach Hypergrowth", Press Releases, 2000(http://www.forrester.com/home/0,6092,1-0,FF.html).

〈표 3-6〉 전자상거래 시장규모 전망(Worldwide eCommerce Growth)

(단위: 십억 달러)

	2000년	2001년	2002년	2003년	2004년	%
Total	657.0	1,233.6	2,231.2	3,979.7	6,789.8	8.6
North America	509.3	908.6	1,495.2	2,339.0	3,456.4	12.8
United States	488.7	864.1	1,411.3	2,8172.	3,189.0	13.3
Canada	17.4	38.0	68.0	109.6	160.3	9.2
Mexico	3.2	6.6	15.9	42.3	107.0	8.4
Asia Pacific	53.7	117.2	286.6	724.2	1,649.8	8.0
Japan	31.9	64.4	146.8	363.6	880.3	8.4
Australia	5.6	14.0	36.9	96.7	207.6	16.4
Korea	5.6	14.1	39.3	100.5	205.7	16.4
Taiwan	4.1	10.7	30.0	80.6	175.8	16.4
All other	6.5	14.0	60.6	130.5	197.1	2.7
Western Europe	87.4	194.8	422.1	853.3	1,533.2	6.0
Germany	20.6	46.4	102.0	211.1	386.5	6.5
United Kingdom	17.2	38.5	83.2	165.6	288.8	7.1
France	9.9	22.1	49.1	104.8	206.4	5.0
Italy	7.2	15.6	33.8	71.4	142.4	4.3
Netherlands	6.5	14.4	30.7	59.5	98.3	9.2
All other	25.9	57.7	123.4	240.8	410.8	6.0
Latin America	3.6	6.8	13.7	31.8	81.8	2.4
Rest of world	3.2	6.2	13.5	31.5	68.6	2.4

자료: http://www.ecommerce.go.kr에 근거하여 작성.
주: 2004년에 총판매 중 전자상거래가 차지하는 비중(%).

다음의 〈표 3-7〉은 국내 전자상거래 시장규모를 나타낸 것이다. 표에서 나나타난 바와 같이 2000년의 경우 총거래규모에서 전자상거래가 차지하는 비율이 4.5% 정도였으나 2002년에는 총거래규모에서 전자상거래가 차지하는 비율이 12.7%로 점차 급속히 거래규모가 비중이 증가하고 있음을 알 수 있다.

〈표 3-7〉 국내 전자상거래 시장규모

(단위: 억 원)

	총거래규모(A)	전자상거래규모(B)	전자상거래율(B/A)
2000년	12,700,000	575,584	4.5%
2001년	13,080,000	1,190,556	9.1%
2002년	13,860,000	1,766,570	12.7%

자료: http://www.nso.go.kr에 근거하여 작성.

한편 2000년을 기준으로 국가별 공급현황을 살펴볼 때, 다음의 〈표 3-8〉에서 보는 바와 같이 주요 수입국 중 미국의 수입건수 비중이 90.1%(3,236건)로 인터넷 전자상거래 수입의 대부분을 차지하고 있으며 그 밖에 싱가포르(5.8%), 유럽(1.9%), 일본(1.0%), 캐나다(0.7%) 순으로 나타나고 있다.

〈표 3-8〉 국가별 공급현황(2000)

(단위: %, 천 원)

국 가	수입건수		수입금액	
	건 수	비율(%)	금 액	비율(%)
미 국	5,433	90.1	2,448,884	84.8
싱가포르	352	5.8	247,415	8.6
유 럽	115	1.9	67,912	2.4
일 본	57	1.0	71,315	2.5
캐나다	44	0.7	29,395	1.0
기타	31	0.5	21,695	0.7
계	6,032	100.0	2,886,616	100.0

자료: http://www.customs.go.kr에 근거하여 작성.

2. 상품별 교역현황

여기에서는 국내의 전자상거래에 있어 교역되어지는 상품별 교역현황을 살펴보고, 나아가 전자 전송물로 대표되는 디지털 콘텐츠의 거래현황을 세계시장과 국내시장 상황을 비교하여 볼 것이다.

〈표 3-9〉 품목별 수입실적(2000)

(단위: 건, 천$, %)

물품별	3월~4월 (A)		5월~6월 (B)		증감 (B/A, %)		합계 (3월~6월)			
	건 수	금 액	건 수	금 액	건 수	금 액	건 수	비율(%)	금 액	비율(%)
-서적 관련	1,644	567	1,592	601	▽3.2	6.0	3,236	53.6	1,168	45.6
-DVD·CD· 게임물 관련	551	119	706	139	28.1	16.8	1,257	20.8	258	10.1
-컴퓨터 관련	253	277	242	229	▽4.3	▽17.3	495	8.2	506	19.8
-전자제품	83	48	95	52	14.5	8.3	178	3.0	100	3.9
-기 타	372	278	494	249	32.8	▽10.4	866	14.4	527	20.6
계	2,903	1,289	3,129	1,270	7.8	▽1.5	6,032	100.0	2,559	100.0

자료: http://www.customs.go.kr에 근거하여 작성.

상기의 〈표 3-9〉는 관세청이 2000년 3월~6월 중 전자상거래 주문에 의한 수입 실적을 집계한 결과를 보여주고 있다. 수입건수 기준으로 볼 때 B2C(4,298건) 거래가 B2B(기업 對 기업, 1,734건) 거래의 약 2.5배이며, 그 비중이 계속 증가하는 것으로 나타나고 있다.

또한 관세청 자료에 의하면 〈표 3-10〉에서 나타난 바와 같이 2000년 기준으로 주요 수입물품(수입건수, 비중)은 서적류(3,236건, 53.6%), CD·DVD·게임류(1,257건, 20.8%), 컴퓨터 관련 제품(495건, 8.2%), 전자제품류(178건, 3.0%)순서이며, 특히 신세대가 좋아하는 CD·DVD·게임류의 수입이 지속적으로 증가하고 있는 반면에 서적류의 수입은 감소하는 추세로 나타나고 있다.

〈표 3-10〉 주요 품목 수입건수비 중 변화(2000)

구 분		3월	4월	5월	6월	계
CD · DVD · 게임류	수입건수	262	289	337	369	1,257
	비중(%)	18.4	19.6	21.1	24.0	20.8
서적류	수입건수	844	800	795	797	3,236
	비중(%)	59.5	54.2	49.9	51.9	53.6
컴퓨터 관련	수입건수	133	120	130	112	495
	비중(%)	9.3	8.4	9.1	7.9	8.2

자료: http://www.customs.go.kr에 근거하여 작성.

우리나라의 거래 상품군별 전자상거래에 대하여 살펴보면 다음과 같다. 〈표 3-11〉은 최근인 2002년도의 상품군별 거래액을 나타낸 것으로 우리나라 전자상거래 사이버쇼핑몰(B2C) 상품군별 거래액 규모를 사례로 나타내 본 것이다.

〈표 3-11〉 전자상거래 상품군별 거래액(2002)

(단위: 백만 원, %)

구 분	2001년 11월	구성비	2002년 9월	2002년 10월	2002년 11월	구성비	전 월비 증감	증감률	전년 동월비 증감	증감률
계	322,854	100.0	536,625	546,451	552,618	100.0	6,167	1.1	229,864	71.2
① 컴퓨터 및 주변기기	67,222	20.8	67,188	75,453	71,856	13.0	-3,597	-4.8	4,634	6.9
② S/W(게임S/W 등)	7,235	2.2	6,359	6,491	6,152	1.1	-339	-5.2	-1,083	-15.0
③ 가전/전자/통신기기	62,235	19.3	94,573	104,630	107,748	19.5	3,118	3.0	45,513	73.1
④ 서 적	15,863	4.9	24,891	23,020	24,600	4.5	1,580	6.9	8,737	55.1
⑤ 음반/비디오/악기	5,531	1.7	7,620	7,806	7,418	1.3	-388	-5.0	1,887	34.1
⑥ 여행 및 예약서비스	23,018	7.1	34,110	35,227	37,080	6.7	1,853	5.3	14,062	61.1
⑦ 아동/유아용품	7,262	2.2	11,220	12,205	12,273	2.2	68	0.6	5,011	69.0
⑧ 식음료 및 건강식품	10,014	3.1	25,050	20,976	19,531	3.5	-1,445	-6.9	9,517	95.0
⑨ 꽃	1,760	0.5	2,582	2,570	2,702	0.5	132	5.1	942	53.5
⑩ 스포츠/레저용품	10,919	3.4	17,555	19,556	19,168	3.5	-388	-2.0	8,249	75.5
⑪ 생활용품/자동차용품	27,148	8.4	68,062	69,795	69,168	12.5	-627	-0.9	42,020	154.8
⑫ 의류/패션 및 관련 상품	24,194	7.5	45,993	51,061	59,212	10.7	8,151	16.0	35,018	144.7
⑬ 화장품/향수	9,153	2.8	28,484	29,076	29,895	5.4	819	2.8	20,742	226.6
⑭ 사무/문구	3,554	1.1	5,626	5,435	5,810	1.1	375	6.9	2,256	63.5
⑮ 농수산물	18,088	5.6	37,225	24,341	22,692	4.1	-1,649	-6.8	4,604	25.5
⑯ 각종 서비스	10,313	3.2	23,571	21,950	20,792	3.8	-1,158	-5.3	10,479	101.6
⑰ 기 타	19,245	6.0	36,517	36,858	36,520	6.6	-339	-0.9	17,275	89.8
⑱ 분류불명 상품	100	0.0	-	-	-	-	-	-	-	-

자료: http://www.nso.go.kr에 근거하여 작성.

한편 전자 전송물의 세계적 동향 및 성장전망을 살펴보면, 세계경제가 자본과 노동 중심에서 소프트웨어와 콘텐츠가 중심이 되는 지식기반경제로 이동하고 있음에 따라 향후 몇 년 동안 전개될 컨텐츠산업 시장의 재편이 불가피할 것이며, 이에 따라 국가별 경쟁력이 영향을 받게 될 것이다.

<표 3-12> 세계 IT 및 콘텐츠산업 시장규모 전망

(단위: 백만 달러)

구 분		2000년	2001년	2002년	2005년	성장률
IT하드웨어	H/W총계	908,780	955,766	1,002,781	1,160,844	5%
IT소프트웨어	S/W총계	179,477	203,211	230,128	340,945	14%
M&E콘텐츠 (Media & Entertainment)	뉴스 및 출판	105,310	118,787	132,843	176,814	10%
	원격교육	2,300	4,100	7,200	53,387	95%
	영화 및 애니메이션 (웹애니메이션)	58,531 (86)	62,067 (97)	68,176 (109)	85,907 (166)	8% (15%)
	게임 (온라인게임)	130,002 (345)	170,429 (625)	234,028 (1,100)	490,792 (7,786)	28% (92%)
	음악 (온라인뮤직)	40,300 (586)	42,700 (986)	44,800 (1,601)	50,934 (9,337)	4% (80%)
	광고	330,300	352,100	373,200	457,186	7%
	멀티미디어콘텐츠	69,600	92,800	123,700	291,021	33%
	총계 (온라인 M&E)	736,342 (3,717)	842,983 (5,835)	983,966 (10,010)	1,419,762 (66,513)	13% (88%)

자료: 윤창인, "WTO의 전자 전송물 분류에 대한 논의 및 우리의 대응", 한국전자거래진흥원, 「국제규범 워킹그룹 보고서」, 2002. 1, p.85.

콘텐츠산업은 고속성장산업으로 <표 3-12>에서 보는 바와 같이 세계 콘텐츠 시장규모는 2001년 8,430억 달러에서 2005년 1조 4,000억 달러를 넘어설 것으로 추정되어 연평균 13%의 고속성장이 예상되고 있으며, 2005년에는 정보기술(IT)부문의 하드웨어 시장규모를 초월할 것으로 예상하고 있다.

또한 콘텐츠산업은 고부가가치산업으로 2001년 1,700억 달러에서 2005년 4,900억 달러를 넘어설 것으로 추정되는데, 이는 반도체시장을 능가할 것으로 전망하고 있다. 게임산업의 평균 부가가치율은 약 60%

로 산업계의 최고수준으로 알려지고 있다.[111]

우리나라는 디지털 콘텐츠 관련 산업이 고부가가치산업임에도 불구하고 투자 부족, 업체 및 시장규모의 영세성, 하청구조에의 종속 등으로 인해 우리나라의 콘텐츠 산업시장은 세계시장과 큰 격차를 보이고 있다.

〈표 3-13〉 분야별 우리나라 문화산업 시장규모

(단위: 억 달러)

구분	출판인쇄	영 상			게임	음반	신문잡지	방송	광고	캐릭터패션공예	계
		영화	비디오	애니메이션							
세계시장	801	630	358	736	954	369	756	1,680	3,003	2,800	12,087 (100%)
국내시장	36 (4.5)	2.2 (0.34)	2.5 (0.7)	2.7 (0.36)	9.28 (0.97)	3 (0.75)	27.5 (3.63)	38 (2.3)	29 (0.97)	21 (0.75)	171.08 (1.42%)

자료: 문화관광부, 「문화산업백서」, 2000, p.21에 근거하여 작성.

국내시장은 170억 달러 규모로 세계시장의 1.4% 수준에 불과하며, 미·일 등 외국산 콘텐츠가 주요 분야 국내시장의 70-80%를 점유하고 있는 실정에 놓여 있어 이에 대한 산업보호 및 경쟁력 강화방안이 필요할 것이며, 이에 대한 하나의 방안이 디지털콘텐츠 산업에 대해 관세를 부과하는 것이다.

---

111) 온라인게임 「리니지」 제작비는 78억 원으로 804억 원의 순익을 창출하는 등 게임산업의 평균 60% 이상으로 여타 산업을 크게 상회하고 있다.

제4장 전자 전송물 과세의 이론적 근거 분석

본 장은 전자상거래를 통한 전자 전송물의 국제교역에 관세를 부과한다면 이에 대한 과세원칙의 정립 및 과세근거 자료를 확보하기 위한 방안은 어떤 것이 있는가에 관하여 고찰하는 데 있다. 또한 전자 전송물이 국제적으로 거래되어 질 때 이에 대한 관세부과 모델을 도출하기 위하여 과세기회를 포착할 수 있도록 근거를 제공해 주고 있는 사용 가능한 지불수단을 검토하는 데 있으며, 특히 신용카드, 계좌이체, 전자 화폐 등의 지불수단에 관하여 중점적으로 검토할 것이다.

제1절 과세부과의 원칙과 과세수단

1. 과세부과의 원칙

관세란 국가가 재정수입을 목적으로 관세영역(customs boundary)을 출입하는 물품에 대하여 법률이나 조약에 의하여 반대급부 없이 강제적으로 징수하는 조세를 말한다.[112] 관세는 원칙적으로 재정수입 확보를 위하여 부과되었으나 근래에 와서는 관세법 제1조에서 규정하고 있

---

[112] 관세법 제1조(목적)에 의하면 "이 법은 관세의 부과·징수 및 수출입물품의 통관을 적정하게 하고 관세수입을 확보함으로써 국민경제의 발전에 이바지함을 목적으로 한다."고 되어 있다.

118

는 재정수입 목적 외에 관세가 국내산업보호라는 경제적 목적을 달성하기 위한 중요한 수단으로도 사용되고 있다.

일반적으로 조세를 부과·징수할 수 있는 재정권은 국가와 동시에 지방자치단체에도 있는 것이나 관세의 부과는 국가의 재정권으로 국가만이 관세를 부과할 수 있고 지방자치단체는 부과하지 못한다. 따라서 관세는 그 징수의 주체가 국가인 국세의 하나로서 지방자치단체가 징수하는 지방세와 구별된다.[113]

관세는 반대급부 없이 일반적으로 강제징수 하는 조세이므로 국가의 과세권 행사는 국민의 재산권을 침해하는 행위가 된다. 따라서 국가의 과세권 행사는 법률에 의해서만 가능하며 이를 조세법률주의라고 한다. 우리나라 헌법에서도 "조세의 종목과 세율은 법률로서 정한다"라고 규정하고 있다.[114]

관세는 법률상의 납세의무자와 실질적으로 관세를 부담하는 담세자가 일치하지 않기 때문에 간접세의 성격을 띠고 있으며,[115] 수출입 되는 물품에 대하여 부과함으로 대물세이다. 또한 관세는 종국적으로 물품의 소비를 대상으로 하기 때문에 소비세이며, 물품이 수출입 될 때마다 수시로 부과징수하는 것이기 때문에 수시세의 성격을 띠고 있다.

국제거래에 대하여 WTO에서 정한 과세의 국가 간 분배원칙은 소비지국 과세원칙이다. 소비지국 과세원칙이란 국제거래 되는 상품에 대하여 소비지국에서 과세권을 행하는 방법으로써 행선지국 과세원칙(destination principle of taxation)이라고도 한다.[116]

---

113) 김정엽, 「신체제 관세법」, 두남, 2000, p.21.
114) 대한민국헌법 제59조.
115) 일반적으로 납세의무자는 화주가 되고, 담세자는 소비자가 된다.
116) 즉 소비지국 과세원칙이란 공급지국과 소비지국이 다를 경우 공급지국에서는 수출에 대하여 영세율(零細率)을 적용하여 과세하지 않고, 수입국에서는 수입물품에 대하여 조세를 부과하는 방법을 말한다.

이 원칙하에서는 생산지국에서 수출할 때에는 간접세를 전액 공제 또는 환급하여 간접세 부담을 완전히 제거하고, 수입할 때에는 수입국에서 생산된 물품과 동일하게 간접세를 부과하는 것이다. 현재 대부분의 나라가 소비지국 과세원칙을 취하고 있는데 이는 생산지국과 소비지국의 간접세율이 다른 경우에도 대외경쟁상 중립성을 유지할 수 있기 때문이다.

우리나라에서도 물품의 국제거래에 대하여 소비지국 과세원칙을 따라 물품의 수출에 대해서는 영세율을 적용하고, 물품의 수입에 대해서는 수입시점에 세금을 부과하고 있다.

따라서 본 연구에 있어서는 인터넷 등의 전자매체를 통한 국제간 전자상거래에 대하여 행선지국(소비지국) 과세원칙이 타당한 것으로 생각한다. 그러므로 소비지국 과세원칙을 본 연구에 적용할 것이고, 또한 관세부과의 원칙으로 지켜져야 할 것으로 생각된다.

2. 과세수단

동일 재화의 물품이 디지털화되어 인터넷으로 다운로드 되는 전자 전송물의 컨텐츠거래에 대하여 관세부과 유무에 대한 논의가 WTO 및 여타 국제기구에서 논의되고 있으나 이에 대한 미국 등의 주요 선진 수출국과 국제경쟁에서 상대적으로 열위에 놓여 있는 개발도상국을 중심으로 한 수입국의 의견이 상충되고 있는 실정이다.

현재 관세를 부과하더라도 과세할 수 있는 현실적인 방안이 제시되지 못하고 있는 실정이나 관세를 징수할 수 있는 방안을 살펴볼 때 OECD에서 제시하고 있는 부가가치세 징수방안인 대리납부제도, 자진신고제도, 사업자등록제도, 지불기관 대리납부제도 등을 생각해 볼 수 있다.

공급받는 자의 대리납부제도는 국내 사업장이 없는 비거주자 또는 외국법인, 국내사업장이 있는 비거주자 또는 외국법인이 국내사업장과 관련이 없이 수입국에서 역무를 제공하거나 재화·시설물 또는 권리를 사용하게 하는 경우 그 대금을 지급하는 자가 조세를 징수하여 대리납부 하는 것을 말한다.

자진신고납부제도는 납세의무자가 스스로 신고·납부함으로써 납세의무를 확정하는 방법을 말한다. 과세요건 사실은 납세자 자신이 가장 잘 알고 있으므로 자진신고납부제도는 이상적인 부과제도라 할 수 있다.

자진신고납부제도가 확립되면 과세행정이 간편하고 징세비용이 절약될 수 있으나 자진신고납부가 확립되기 위해서는 납세자의 성실한 신고가 뒷받침되어야 한다. 그러나 징수기관이 확인할 수 없는 거래에 대하여 개인의 성실한 자진신고와 자진납부는 기대하기 어려울 것으로 생각된다.[117]

즉 자진신고납부제도는 국제 전자상거래의 징수방안에 있어 실행가능성이 높고, 공급자의 납세협력비용이 최소화 될 수 있으며 징세비용도 최소화할 수 있다. 그러나 납세협력비율이 낮아 효율적인 징수방안이라 할 수 없다.

사업자등록제도는 외국의 전자상거래 사업자에게 국내에서의 사업자등록을 요구하는 부재사업자의 등록 즉 비거주자의 등록제를 말한다. 사업자등록제도는 자진납부가 어려운 거래의 대안이 될 수 있으나 실제적으로 비거주자의 등록을 강제하기에는 곤란하고, 비거주 공급자에게 납세협력비용을 부담시키게 되며, 과세당국의 징수비용도 증가시켜

---

117) 이정기·김철권, 「조세법 총론강의」, 두남, 2001, p.110.

효율성이 떨어지는 방안이라 할 수 있다.

한편 지불기관 대리납부제도는 금융기관을 이용한 대리납부제도로 금융기관에 의한 원천징수방안[118]이라 할 수 있다.

지불기관을 이용한 대리납부제도하에서 징수의무자는 자신의 의사와는 관계없이 본래 납세의무가 아닌 다른 사람의 조세채무 이행의무를 수행하기 위해서 경제, 시간, 인력의 부담을 받아야 할 뿐만 아니라 대리징수의무에 따른 해태(懈怠)[119]에 대하여 제재를 받아야 하므로 징수의무자의 희생으로 운영되는 제도라 할 수 있다.

그러나 지불기관 대리납부에 대한 일정한 수수료 등의 유인을 통해 사회적 업무 수행에 대한 대가를 지불하여 징세협조에 대한 보상으로 해결될 수 있을 것이다.

만약 현실적으로 자진신고납부제도나 부재사업자 등록제도 등의 방안이 효율적이지 못하다면 제3자에 의한 대리납부제도를 검토해 볼 필요성이 있을 것이며, 구체적으로 지불기관을 이용한 대리납부제도를 고려할 수 있을 것이다.

---

118) 원천징수란 조세를 징수하는 방법의 하나로서 국가가 납세의무자로부터 직접 징수하는 것이 아니라 납세의무자의 과세표준에 속하게 되는 소득 또는 수입이 되는 금품 등을 지급하는 자가 소정의 방법에 의하여 계산한 조세를 납세의무자로부터 징수하여 국가에 납부하게 하는 제도를 말한다. 이러한 원천징수제도에 의하여 조세를 징수하여 납부할 의무가 있는 자를 원천징수의무자라고 하며, 원천징수를 당하여야 할 의무가 있는 자를 원천납세의무자라고 한다.
119) 어떤 법률 행위를 하여야 할 기일을 이유 없이 넘기어 책임을 다하지 않는 일을 말한다.

제2절 과세근거 포착방안과 지불수단

1. 과세근거 포착방안

(1) 재화의 흐름에 의한 과세근거 포착방안

여기서는 국제적으로 전자 전송물의 거래가 발생할 때 소비지국에서 과세근거를 포착하고 관세를 부과하는 효율적인 관세부과 방안을 모색해 보고자 한다. 전자상거래에 있어서도 기존의 실물시장에서의 거래가 이루어지는 방법과 같이 공급자에 의하여 재화와 용역이 제공되고, 소비자는 제공되는 재화에 대한 대금을 지불함으로써 완료된다. 단지 전자상거래와 기존 상거래와의 차이점은 거래계약과 이행이 네트워크(Network)에서 이루어진다는 점일 것이다. 즉 재화와 용역의 전달과 이에 대한 지불이 전통적인 방식이 아닌 네트워크를 이용하여 이루어질 수 있다는 점이다.

기존의 상거래 방식에 의하여 이루어지는 재화와 용역의 흐름에 대해서는 기존의 관세부과 방식을 그대로 적용하면 되나 재화와 용역의 흐름이 네트워크에서 이루어질 때 문제가 발생하게 된다. 특히 인터넷을 통한 전자상거래에 있어서는 누구나 자유롭게 인터넷에 접속하여 전자상거래를 수행할 수 있는 개방형 네트워크이기 때문에 인터넷상에서 발생하는 모든 거래활동을 모니터하기에는 현재 기술적으로 거의 불가능한 일일 것이다.

그러나 국제간 전자상거래에 대한 관세부과는 공평성과 형평성의 원칙에 입각하여 경쟁력이 취약한 해당산업의 보호 및 관세누수의 방지라는 측면에서 필요한 일이다. 따라서 인터넷을 통한 전자상거래 발생시 과세근거를 포착하기 위한 방안은 확대일로에 있는 전자상거래규모를 고려해 볼 때 중요한 과제가 아닐 수 없다. 전자상거래에 대한 과세근거를 포착하는 방법은 원론적으로 크게 두 가지 방법으로 나눌 수 있는데, 네트워크를 통하여 제공되는 재화와 용역의 흐름을 탐지하는 방법과 이에 대한 지불의 흐름을 탐지하는 방법을 들 수 있을 것이다.

전자상거래의 거래방식 중 on-off 거래나 off-off재화거래의 경우에는 전자상거래와 관계없이 기존의 통신판매와 같은 전통적 방식에 의하여 공급되는 재화로 볼 수 있기 때문에 기존의 방법을 이용하여 과세근거를 포착할 수 있을 것이다. 그러나 온라인 컨텐츠거래나 인터넷 서비스거래의 경우에는 과세근거를 포착하기 위해서는 컨텐츠와 서비스의 인터넷상의 흐름을 추적하여야 할 것이다.

온라인 컨텐츠는 다운로드 되는 시점에서 과세근거가 발생한다고 할 수 있을 것이다. 그러나 이를 근거로 과세할 경우에는 다양한 문제가 발생할 수 있다. 예를 들면 다운로드 중 통신상의 에러가 발생하는 경우 소비자는 몇 회든지 다운로드를 다시 시도 할 수 있으며, 때로는 다운로드를 포기하고 지불을 하지 않아 거래가 취소될 수도 있다.

따라서 온라인 컨텐츠의 흐름을 추적하여 과세근거를 포착하기란 기술적으로 거의 불가능하다 할 수 있다. 전자매체를 통한 전자상거래에 있어서는 온라인 컨텐츠의 흐름을 추적하여 과세근거를 포착하는 방안은 비효율적이고, 실효성을 거두기 어려울 것으로 판단된다. 그러므로 다음에 설명할 지불의 흐름에 의한 과세근거 포착이 제화의 흐름에 의한 과세근거 포착 방안보다 효율적이라 할 수 있을 것이다.

(2) 지불의 흐름에 의한 과세근거 포착방안

일반적으로 상거래가 이루어지면 그에 대한 반대급부인 대금결제가 수반될 것이다. 전자상거래도 마찬가지로 거래가 이루어지면 대금결제가 이루어 질 것이다. 전자상거래의 지불방식은 재화의 흐름과 마찬가지로 전산망을 이용하여 지불이 이루어지는 오프라인 방식과 인터넷 등의 네트워크를 이용하여 지불이 이루어지는 온라인 방식으로 나눌 수 있다.

오프라인 지불방식에는 현금·신용카드·어음·수표·지로·계좌이체 등이 포함되고, 온라인 지불방식에는 홈뱅킹·펌뱅킹·SET을 이용한 신용카드·전자화폐·전자수표 등이 포함된다. 이들 지불방식은 계좌이체와 같이 지불의 흐름이 지불기관의 기록에 반영되는 것과 현금과 같이 이러한 지불기관의 개입이 필요하지 않은 것도 있다.

전자상거래에 있어서 지불의 흐름에 의하여 과세근거 포착하는 방안은 예를 들면 신용카드에 의하여 지불이 이루어지는 경우에는 소비자의 거래대금 지불내역이 소비지국의 신용카드회사나 은행 등의 지불기관에 보관되므로 지불기관의 협조를 얻으면 과세 근거를 포착하기가 매우 용이할 것이다. 따라서 소비지국의 신용카드회사가 관세를 징수 납부하게 하는 지불기관 대리납부제도를 효과적으로 적용할 수 있을 것이다. 이 경우 신용카드회사가 관세를 징수 납부하기 위해서는 관세의 면세대상인지, 과세대상인지 여부를 판단할 수 있는 정보가 있어야 한다. 이러한 정보는 공급자로부터 신용카드 대금의 청구를 받을 때 과세 및 면세를 판단할 수 있는 거래유형에 대한 정보를 받는 것으로 해결할 수 있을 것이다.

따라서 지불의 흐름을 추적하여 과세근거를 포착하는 것은 가능하다 할 수 있으며, 전자매체를 통한 전자상거래에 있어서도 지불의 흐름을 추적하여 과세근거를 포착하는 방안은 효율적인 것으로 판단된다. 이에 대한 자세한 논의는 아래에서 설명할 것이다.

2. 지불수단

전자상거래라는 새로운 양식의 거래구조는 아직 완전히 정착했다고 보기는 어렵지만 앞으로 무한한 잠재력과 많은 동태적인 변화 가능성을 지니고 있다. 전자상거래를 제대로 정착시키고 실현시키기 위한 것뿐만 아니라 과세근거 포착과 전자 전송물의 국제거래에 대한 과세방안을 연구하기 위해서도 효율적인 전자결제시스템이 그 바탕에 기반으로 자리 잡아야 할 것이다. 또한 전자결제시스템의 발전은 전자상거래의 성장에 있어서도 중요한 역할을 수행하게 될 것이다.

(1) 전자결제의 개요

1) 전자결제의 개념

전자결제는 전자상거래에서 없어서는 안 될 중요한 부분으로 구매자와 판매자 사이에서 일어나는 온라인상의 화폐적 교환을 말한다. 이러한 교환의 내용은 일반적으로 은행, 중개인 혹은 법률적인 감독인에 의해 지원되는 디지털 금융수단[120]의 형태이다. 따라서 전자결제시스템이란 상품 또는 서비스의 구매에 대한 대가를 전자적인 수단을 통하여 지급·결제하는 것을 말한다.

즉 전자결제시스템이란 인터넷 등의 매체를 통한 전자상거래를 이용

---

120) 예를 든다면 암호화된 신용카드번호, 전자수표, 혹은 전자화폐 등을 들
    수 있다.

하여 가상시장에서 물품을 구입한 후 계약이 체결되어진 은행 간에 온라인을 통하여 결제대금이 지불되어지는 시스템으로써, 이러한 시스템은 실시간 처리와 판매자에게 인증코드를 보냄으로써 개인뿐만 아니라 소비자 및 거래은행 간의 거래 시 안전한 환경을 제공하여 상품과 서비스의 구매를 용이하게 해 주는 것을 말한다.[121]

전자상거래가 활성화되기 위해서는 대금결제방식이 네트워크상에서 이루어져야 한다. 이는 대금결제방식이 짧은 시간 내에 이루어 질 수 있고, 또한 처리비용이 저렴해 질 수 있어 구매자와 판매자의 편의성과 효율성을 극대화시킬 수 있기 때문이다.

① 전자결제와 유사개념

전자결제란 전자적 수단을 이용하여 자금결제를 행하는 것이라고 정의할 수 있는데, 최근에는 오픈네트워크를 통하여 이루어지는 결제라고 정의하고 있다. 이러한 전자결제는 전자화폐형과 전자신용카드형으로 구분된다.[122]

전자화폐란 전자매체를 통한 지급결제과정에서 화폐의 기능을 가지는 모든 수단을 말한다. 전자매체를 통한다는 것은 두 가지 의미를 가지고 있다. 첫째는 눈에 보이는 카드를 만들고 이를 사용하여 자금을 전자적으로 주고받는 것이다. 두 번째는 전자결제시스템으로 전자화폐를 설정하고 인터넷이나 PC통신의 가상공간에서 사용할 수 있도록 하는 것이다.[123]

---

121) 김양수, 「전자상거래」, 삼보, 1998, p.369.
122) 최석범, "전자결제상의 문제점에 관한 연구-국제대금결제를 중심으로", 한국인터넷 전자상거래학회, 「인터넷 전자상거래연구」 제1권 제1호, 2001. 2, pp.180-181.
123) 김은기, "전자화폐의 법적 문제", 한국상법학회, 「상사법연구」 제16권 제2호, 1997, p.89.

전자화폐는 은행, 기타 전자화폐 발행자가 카드 또는 컴퓨터시스템을 통하여 일정 화폐가치를 전자기호로 저장하고 그 지급을 보장하는 것으로 정보통신회선을 통하여 자금결제가 이루어지는 화폐라고 할 수 있다.

전자신용카드란 개방된 네트워크인 인터넷에서 신용카드를 안전하게 사용하기 위하여 특별히 고안된 것이다. 거래당사자의 정당성을 보증하는 구조에 따라 거래의 안전성을 높이는 동시에 신용카드번호와 거래정보를 암호화하여 정보의 도청과 수정을 방지한다.

결제 그 자체에 대해서는 기존의 신용카드 체계를 그대로 사용할 뿐 아니라 이용자도 자신의 주위에 있는 PC에 전용 소프트웨어를 도입하는 것만으로도 이용할 수 있어 특별한 기기를 설치할 필요가 없다는 점에서 실용화가 가장 많이 진전되고 있다.[124]

전자수표란 기본적으로 발행인이 거래은행에 대해 자신의 계좌로부터 다른 사람의 계좌로 자금을 이체하라고 지시하는 메시지이다[125]. 인터넷에서 사전에 은행으로부터 은행의 디지털서명이 붙은 메시지를 교부 받아 상품을 구입할 때에 그 메시지 또는 그 메시지에 이용자의 디지털서명을 첨부한 것을 마치 수표를 발행하듯이 소매점에 송부하여 지불하는 것을 의미하기도 한다.[126]

② 전자결제의 충족요건과 요구조건

세계 각국은 전자상거래의 활성화와 함께 전자결제수단 개발에 노력하고 있다. 그러나 이러한 전자결제수단들은 다음에서 살펴 볼 충족요건과 요구조건을 갖추어야 한다.

---

124) 한국전자거래표준원, 「전자화폐방식과 기술분석」, 보고서 98-4, 1998. 4, p.11.
125) www.kyungwon.ac.kr/~profsjh/eft/newpay.htm
126) 한국전자거래표준원, 전게서, p.11.

(가) 충족요건

모든 상거래는 그에 따른 대금결제가 수반된다. 특히 전자상거래의 경우 차질 없는 대금결제를 보장하는 결제수단이 필수적이며, 전자상거래 발전의 핵심 요소라 하겠다.

그러므로 전자상거래 및 그에 따른 지급결제는 가상공간에서 비대 면으로 이루어지는 특성 때문에 진정성(authentication), 기밀성(confidentiality), 무결성(integrity), 부인방지(nonrepudiation) 등의 조건이 충족되어야 한다.[127]

가) 진정성

진정성(authentication)은 거래상대방의 신분을 확인할 수 있도록 하는 기능으로 송신자와 수신자가 합법적인 사용자임을 증명할 수 있어야 한다.

나) 기밀성

기밀성(confidentiality)은 거래의 내용이 제3자에게 노출되지 않도록 하는 기능을 말한다. 정보의 보안성을 말하는 것으로 구매자의 관련 정보가 인터넷을 통하여 누출되어서는 안 된다.

다) 무결성

무결성(integrity)이란 송수신 메시지가 전송도중 변조되지 않았다는 것을 증명해 주는 기능으로 거래내용의 변조나 승인되지 않은 거래의 생성을 방지하기 위한 것을 말한다. 즉 거래과정에서 지불정보나 구매정보가 인터넷을 통하여 전달되는 동안에 왜곡되어서는 안 된다는 것이다.

라) 부인방지

부인방지(nonrepudiation)란 이미 성립된 거래에 대한 부당한 번복을

---

127) 한국은행, "전자상거래 지급결제수단 현황", 한국은행 금융결제국, 2001. 5, p.6.

방지하기 위한 기능을 말한다. 거래사실을 구매자나 판매자가 차후에 부인하거나 번복하는 것을 방지하여야 한다.

(나) 요구조건

전자결제수단에서 요구되는 중요한 특징들은 보안성(security), 안정성(reliability), 확장성(scalability), 익명성(anonymity), 수용성(acceptability), 고객기반(customer base), 유연성(flexibility), 전환성(convertibility), 효율성(efficiency), 통합편의성(ease of integration with applications), 사용편의성(ease of use) 등이 있다.[128] 이러한 특성들은 단지 전자지불 수단에 국한된 것이 아니라 전자지불을 포함한 전자상거래 전체에 적용되는 것이라고 볼 수 있다.

가) 보안성(security)

가장 중요한 것으로서 거래와 관계없는 제3자가 개입하여 가치 교환을 왜곡할 가능성이 없어야 한다는 것이다. 이는 전자상거래로 인하여 실제적으로 화폐가치의 교환이 이루어지기 때문이며, 또한 전자상거래가 개방된 네트워크이기 때문이다.

나) 안정성(reliability)

안정성이라는 것은 상거래를 위한 하부구조에서 서비스가 지속적으로 이용 가능해야 한다는 것을 의미한다. 즉 어떤 외부의 공격이나 사고에도 커다란 지장 없이 가치의 교환과 거래가 이루어질 수 있도록 설계되어야 한다는 것이다.

---

128) Neuman, B. Clifford and Gennady Medvinsky(1997), "Internet Payment Service", in Lee W. McNight and Joseph P. Bailey(eds.) Internet Economics, MIT Press: Cambridge, MA., pp.401-415.

다) 확장성(scalability)

확장성은 사용자의 수 및 거래량의 증가에도 일정 수준의 서비스를 제공할 수 있어야 한다는 의미이다. 예를 들어 단일 서버보다는 다수의 서버를 활용하는 것이 확장성을 보장하는 한 가지 방법일 것이다.

라) 익명성(anonymity)

익명성이란 특정 거래에서는 지출 패턴이나 소득 원천 등을 감시할 수 없도록 거래 당사자의 신원이 보호되어야 한다는 것이다.

마) 수용성(acceptability)

지불수단이 실제적으로 사용될 수 있는가 하는 것으로 다양한 수단 간의 호환성 및 특정 수단의 광범위한 유통 등이 요구되어져야 한다.

바) 고객기반(customer base)

최초의 소비자기반을 충분히 확보하는 것으로 앞서 설명한 수용성은 고객기반의 규모에 달려 있다 해도 과언이 아닐 것이며, 잠재적 고객의 입장에서도 중요한 쟁점일 것이다.

사) 유연성(flexibility)

거래 당사자들의 다양한 요구에 부응할 수 있어야 한다는 것이다. 즉 보증, 지불 시점, 지불금액 등에 대해서 쉽게 거래 당사자들이 요구하는 대로 맞출 수 있어야 한다.

아) 전환가능성(convertibility)

사용자들의 필요가 다양하므로 필연적으로 다수의 지불형태가 출현할 것이며, 각각은 상기에서 설명한 여러 특징들 간의 다양한 상충관계를 구현하는 모습으로 나타날 것이다. 그러므로 다양한 수단들이 함께 생존하기 위해서는 수단 간 교환이 용이해야 한다는 것이다.

자) 효율성(efficiency)

소액거래에서 특히 문제가 될 수 있는 쟁점인데, 예를 들어 최근 수요가 늘어가고 있는 디지털 정보 컨텐츠의 경우 자주 소액거래가 요구될 것이므로 지불서비스 수행 비용이 미미해야만 이러한 거래가 실제로 이루어 질 수 있을 것이다.

차) 통합편의성(ease of integration with applications)

전자매체 중 주로 많이 사용되는 인터넷이라는 환경을 고려할 때, 전자상거래 관련 애플리케이션(application)[129] 등과 쉽게 통합할 수 있어야 한다는 것이다. 즉 공동 API(application programming interface)[130] 구현을 의미하는 것으로 쉽게 통합될 수 있어야만 전자결제시스템이 널리 보급될 수 있을 것이다.

카) 사용편의성(ease of use)

소비자 입장에서의 사용편의성을 의미하는 것으로 사용자가 지불정보 입력을 반복적으로 하는 등의 불편을 최소화하고, 자동처리 기능 등의 강화가 필요하다는 것이다.

2) 전자결제의 유형

현재 온라인상의 상거래 행위에서 쓰일 수 있는 방식으로는 전자화

---

129) 응용프로그램을 총칭하는 것으로 특정작업을 처리하기 위해 만든 컴퓨터 프로그램을 의미한다.
130) 프로그램 또는 애플리케이션(application)이 운영체제에 어떤 처리를 위해서 호출할 수 있는 함수의 집합을 말한다. 애플리케이션과 컴퓨터의 매개 역할을 하기 때문에 인터페이스(interface)명이 붙어 있다.

폐를 이용한 방법과 신용카드를 이용하여 결제하는 방법으로 나눌 수 있다. 이중 신용카드를 이용한 방법은 인터넷사이트에서 물품을 구입하고 해당 사이트의 운영자에게 신용카드번호를 암호화한 데이터로 변환하여 전송하는 경우와 온라인으로 은행계좌에서 자금이체를 하는 경우로 나눌 수 있다.[131] 전자결제의 유형을 설명하면 다음과 같다.

첫째, 오픈네트워크형 전자결제 형태이다. 금융기관이 이용자로부터 지급지시를 오픈네트워크를 통하여 받고, 예금계좌에서 이체처리 등을 하는 형태로 예를 들면, 기존의 전자자금이체(electronic fund transfer) 및 펌뱅킹 등에 있어서 오픈네트워크를 이용하는 유형이다.

둘째, 오픈네트워크에서의 신용카드형 전자결제 형태이다. 기존의 신용카드 결제서비스를 오픈네트워크에서 제공하는 시스템 유형을 말한다. 즉 이용자가 오픈네트워크를 통해서 신용카드번호 등을 보냄으로써 결제가 이루어지는 유형이다.

셋째, 전자화폐형 전자결제 형태이다. 전자화폐를 이용한 전자결제 형태로 금융기관에 전자화폐 이용자의 예금을 확보한 후에 이용하는 형태와 완전한 전자현금 형태가 있다. 전자화폐는 전자금융의 발전된 형태로서 여러 가지 복잡한 과정을 빠른 기간 안에 처리할 수 있게 됨으로써 기존의 화폐와 같이 사용할 수 있게끔 작동하게 되는 전자정보라 할 수 있다.

또한 전자결제는 지불시점, 인증시점, 거래금액 등에 따라 다양한 유형 구분이 가능하다.[132] 우선 지불시점에 의한 유형을 살펴보면, 선불·

---

131) 정완용, "전자상거래 지급결제제도와 전자식유가증권제도에 관한 연구", 법률제도 워킹그룹 제4장, 한국전자거래진흥원, 2002, p.156.
132) 김성현·권남훈·이광훈·김준한, 「인터넷기반산업으로서의 지불결제 서비스시장의 구조 및 전망」, 정보통신정책연구원, 연구보고 01-19, 2001. 12., pp.43-46.

직불·후불로 분류된다. 선불시스템의 경우 구매자가 일정 금액을 사전에 지불하고 그에 해당하는 전자화폐 내지는 디지털 상품권을 발급 받아 상거래 발생 시에 제시하여 지불결제를 수행하고, 판매자는 발행 업체로부터 판매대금을 전산하여 지불결제 거래가 완료되는 형태로 대부분의 전자화폐나 교통카드, 전화카드, 디지털 상품권 등이 해당된다.

직불시스템은 구매자의 지불 신청 시 즉시 구매자의 계좌에서 구매대금이 빠져나가 지불결제가 완료되는 형태로 은행계좌 이체방식과 직불카드 시스템 등이 해당된다.

그러나 후불시스템은 구매대금을 일정기간 이후에 지불되는 형태로 신용카드에 기반을 둔 시스템들이 대표적이다. 최근 들어 유행하고 있는 이동통신사업자 내지는 유선통신사업자들의 전화요금고지서에 합산하여 청구되는 형태인 휴대폰 및 ARS 결제 등의 폰빌(phone bill) 방식도 이에 해당된다.

<표 4-1> 거래시점별 전자지불결제시스템의 분류

구 분	개 념	주요 목표시장	대표적인 사례
선불시스템	고객이 일정 금액을 은행에 지불하고 그에 해당하는 전자화폐를 발급 받는 형태	오프라인 동전시장, 온라인 소액결제시장	전자화폐, 교통카드, 디지털상품권, 전화카드 등
직불시스템	구매자의 지불 신청 즉시 구매자의 계좌에서 구매대금이 빠져나가는 형태	오프라인소액현금시장, 온라인소액·중액시장	은행계좌 이체방식, 직불카드방식
후불시스템	구매대금을 일정기간 이후에 지불하는 형태	온·오프라인 고액시장, 온라인 소액시장	신용카드방식, 휴대폰 및 ARS 결제 등의 폰빌 방식

자료: 김준한, 「전자지급결제시스템」, 「2001 정보통신산업동향 – 소프트웨어 편」, 정보통신정책연구원, 2001.

인증시점에 따라서는 온라인시스템과 오프라인시스템으로 구분이 가능하다. 즉 온라인시스템은 지불결제 과정상 인증 서버가 포함되어 고객인증과 관련한 데이터베이스를 유지하면서 지불결제가 발생할 때마다 인증을 해주는 형태로 대부분 인터넷상에서 사용되는 전자지불결제시스템은 이에 해당한다.

이러한 온라인시스템은 지불결제가 요구될 때마다 인증 서버에 연결해야 하므로 통신요구량 증가와 집중화의 문제가 발생하지만, 이중사용·부정사용 등을 예방할 수 있는 안전한 시스템으로 평가받고 있다.

반면에 오프라인시스템은 지불결제 발생 시 구매자에 대한 발행자의 인증을 포함하지 않고 거래 후 일정 시간 경과 후에 일괄적으로 인증 처리하는 형태로 통신량의 집중화를 예방할 수 있고, 거래에 따른 통신비용이 절감된다는 장점이 있다. 이러한 오프라인시스템에는 대부분의 스마트카드들이 해당된다. 그러나 지불결제를 수행하기 위해서는 스마트카드 리더기가 장착되어야 한다는 단점을 안고 있다.

〈표 4-2〉 인증시점에 의한 분류

구 분	특 징	장 점	단 점
온라인 시스템	· 인증 서버가 포함되어 고객인 증과 관련한 데이터베이스를 유지 · 지불결제가 발생할 때마다 인증을 해 주는 형태 · 대부분의 인터넷상에서 사용되는 전자지불결제시스템은 이에 해당함	· 이중사용 및 부정사용 등을 예방	· 통신요구량 증가와 집중화의 문제
오프라인 시스템	· 거래 후 일정 시간 경과 후에 일괄적으로 인증 처리하는 형태 · 대부분의 스마트카드들이 이에 해당	· 통신량의 집중화를 예방 · 거래에 따른 통신비용이 절감	· 스마트카드 리더기의 장착이 필수적으로 요구

자료: 김성현·권남훈·이광훈·김준한, 「인터넷기반산업으로서의 지불결제서비스시장의 구조 및 전망」, 정보통신정책연구원, 연구보고 01-19, 2001. 12., p.45.

거래금액에 따라서는 고액 시스템, 중액 시스템, 소액 시스템으로 분류할 수 있다. 소액 시스템은 디지털 컨텐츠 같은 상품의 대가로 주로 1원부터 1만 원 정도까지의 소액을 저렴한 거래 유지비용으로 지불하기 위한 시스템으로 네트워크형 전자화폐, 휴대폰 결제 등이 이에 포함된다. 이에 반해 중액 시스템은 1만 원부터 수십만 원 사이의 액수에 적합하며, 높은 안정성이 요구되고 운영비 부담이 상대적으로 적은 경우에 사용된다. 이러한 시스템에는 신용카드방식과 은행계좌 이체방식이 대표적이다.

〈표 4-3〉 거래금액에 의한 분류

구 분	개 념	대표적인 사례
소액시스템	·디지털 컨텐츠의 대가로 이용 ·1원부터 1만 원 정도 ·저렴한 거래 유지비용으로 지불하기 위한 시스템	네트워크형 전자화폐, 휴대폰 결제, ARS 결제 등
중액시스템	·1만 원에서 수십만 원에 적합 ·높은 안정성이 요구됨 ·운영비 부담이 상대적으로 적은 경우에 사용	신용카드방식 은행계좌 이체방식 등
고액시스템	·수백만 원 이상 ·기업 간 거래에서 발생	구매전용카드 등

자료: 김준한, "전자지급결제시스템", 「2001 정보통신산업동향－소프트웨어 편」, 정보통신정책연구원, 2001.

고액시스템은 기업 간 거래에서 나타나는 수백만 원 이상의 경우를 말하며, 아직까지는 이 분야의 전자지불결제 인프라가 구축되어 있지는 않고 있다. 최근 들어 구매전용카드[133] 등 여러 가지 방식들이 활발히 논의되고 있다.

---

133) 구매전용카드는 어느 기업이 거래처인 다른 기업으로부터 물품을 구매할 때 그 거래처가 물품공급과 동시에 물품대금을 결제할 수 있는 카드를 말하며, 원구매카드와 역구매카드가 있다. 원구매카드는 구매기업이 납품기업으로부터 물품을 구입하고 어음이나 수표와 같은 결제수단 대신 사용하는 일종의 법인카드를 말한다. 이 카드는 기존의 신용카드 거래구조와 같은 구조를 가지고 있는데, 카드발행회사가 있고 구매기업이 회원이 되며 납품업체가 가맹점이 된다. 역구매카드는 판매기업이 물품을 판매할 때 그 거래처에서 구매대금의 결제수단으로 사용하는 카드를 말한다. 이 카드도 기존의 신용카드 거래구조와 같다.

〈표 4-4〉 전자결제시스템의 유형

유 형		기능 및 특징
전자화폐형	IC 카드형	·현금에 해당하는 가치를 IC칩에 내장시켜 놓았다가 지급 수단으로 사용하는 시스템
	네트워크형	·인터넷과 같은 정보통신망을 통하여 거래은행에 화폐가치를 예치해 두었다가 필요시에 네트워크를 통해 대금결제를 할 수 있는 시스템
전자수표형		·현재에 일반적인 결제수단으로 사용되고 있는 종이수표를 인터넷상에 그대로 구현한 시스템
신용카드형	IC카드형	·일종의 회원등록과 같이 카드정보를 사전에 등록, 전용회원번호로 네트워크상에서 결제
	네트워크형	·PC에 내장된 전용 소프트웨어가 미리 카드번호를 기억하고 있다가 네트워크상에서 결제
전자자금이체형		·인터넷상에서 지불대상과 금액만 입력하면 자금이체가 이루어지는 시스템

자료: 조원길, 「전자상거래 입문」, 두남, 2001, p.264.

　상기에서 살펴본 바와 같이 현재 인터넷상에서 구현되어 있는 전자결제수단은 크게 네 가지로 분류할 수 있다. 먼저 이상적인 가상공간(cyberspace)상에서의 지불방식으로 생각되고 있는 전자현금시스템, 신용카드 거래를 인터넷상에서 구현한 인터넷 신용카드 지불시스템, 장표결제수단 중의 하나인 수표를 인터넷상에서 구현한 전자수표시스템, 그리고 마지막으로 순전히 전자지불을 위한 시스템은 아니지만 인터넷상의 가상은행(cyberbank)을 이용한 전자자금이체(electronic fund transfer)로 요약할 수 있다.134)

---

134) 조원길, 「전자상거래 입문」, 두남, 2001., pp.263-264.

(2) 전자상거래의 결제수단

디지털화된 상품이 거래된다면 당연히 그에 따른 대금결제가 수반되므로 인터넷을 통한 전자상거래에 관세를 부과하기 위해 거래대금의 결제과정을 이용하여 과세하는 것이 하나의 방안일 것이다.

우선 전자상거래의 지급결제수단에 관하여 살펴보기로 한다. 모든 상거래는 대금결제가 수반되게 되는데, 특히 인터넷 등의 전자매체를 통한 전자상거래의 경우 차질 없는 대금결제를 보장하는 결제수단이 필수적이며 인터넷 전자상거래 발전의 핵심 요소라 하겠다.

전자상거래 및 그에 따른 지급결제는 가상공간에서 비대 면으로 이루어지므로 앞서 논한 바와 같이 특히 진정성(authentication), 기밀성(confidentiality), 무결성(integrity), 부인방지(nonrepudiation) 등의 조건이 충족되어야 한다.

어떤 유형의 지급결제수단이 전자상거래에 가장 많이 이용될지는 각 경제주체의 지급결제관행과 니즈, 상거래규모, 거래형태, 결제시점, 편리성, 안정성 등의 요인에 따라 달라질 것이다. 또한 급속히 성장할 것으로 전망되는 전자상거래 시장을 뒷받침하기 위해서는 안전하고 효율적인 전자방식의 다양한 지급결제수단의 개발이 필요할 것이다. 현재 사용되고 있거나 개발추진 중인 지급결제수단의 종류를 간단히 정리하여 보면 다음의 〈표 4-5〉과 같다.

온라인화 상품 수입자의 대금지급수단 중 현재까지 이용되고 있거나 현재 개발 중인 지불시스템에 대하여 살펴보면 상품의 흐름과 마찬가지로 인터넷 전산망을 이용하지 않고 지불이 이루어지는 오프라인 방식과 인터넷 등 전산망을 이용하여 지불이 이루어지는 온라인 방식이 있다.

〈표 4-5〉 전자상거래 시의 지불방식 분류

주용도	인터넷상에서 지불가능성	지불기관 개입여부	인터넷 전자상거래 시 사용여부	내 용
현 금	불가능 (오프라인 방식)	개입안함	미사용	현금지불
카드형전자화폐				가맹점단말기이용
어 음		개 입	미사용	은행발행어음의 지불
수 표				은행발행수표의 지불
지 로				지로용지 이용하여 지불
계좌이체			사용 중	소비자계좌에서 판매자계좌로 이체
신용카드 (전통방식)			미사용	가맹점 단말기이용지불
홈뱅킹	가능 (온라인 방식)			인터넷이용 소비자와 판매자사이 계좌이체
펌뱅킹				인터넷이용 기업 사이 계좌이체
신용카드(SET)			사용 중	소비자, 가맹점, 지불기관 사이 온라인암호화지불
전자수표			미사용	전자화된 수표지불
네트워크형 전자화폐			사용가능	화폐가치흐름 은행관리에 의해 지불되는 방식

자료: 정규언·구상희·박정우, "국제 전자상거래의 효과적인 부가가치세 과세방안으로서 지불기관 대리납부제도에 관한 연구", 한국세무학회 1999년도 「추계학술발표대회논문집」, 1999, p.75.

오프라인 방식에는 현금, 전통방식의 신용카드, 어음, 수표, 지로, 계좌이체 등이 포함되며, 온라인 방식에는 홈뱅킹, 펌뱅킹, 신용카드(SET), 전자화폐, 전자수표 등이 포함된다. 또한 이들 방식은 계좌이체와 같이 지불의 흐름이 지불기관이 기록에 반영되는 방식과 현금과 같이 이러한 지불기관의 개입이 필요하지 않는 방식으로 나눌 수가 있다.

또한 국제 전자상거래에 사용 가능한 방식과 사용 불가능한 방식으로 나눌 수 있다.[135]

여기에서는 상기의 지불방식 중 현재 인터넷을 통한 전자상거래에서 이용 가능한 지불방식에서 특히 계좌이체, 신용카드, 그리고 네트워크형 전자화폐 등에 관하여 살펴볼 것이다.

1) 신용카드

신용카드 지급시스템은 인터넷을 통해 신용카드정보를 판매자에게 전달하여 결제가 이루어지는 것으로서 실거래에서 신용카드로 지급하는 것과 유사하다. 현재 인터넷에서 가장 많이 이용되고 있는 방식으로 국내에서는 데이콤이 개발한 Bizclick(기업 간 전자상거래용), eCredit 등이 대표적인 신용카드방식의 지급결제시스템이다.

---

135) 정규언·구상희·박정우, "국제 전자상거래의 효과적인 부가가치세 과세 방안으로서 지불기관 대리납부제도에 관한 연구", 한국세무학회 1999년도 「추계학술발표대회논문집」, 1999, p.75.

<그림 4-1> 신용카드

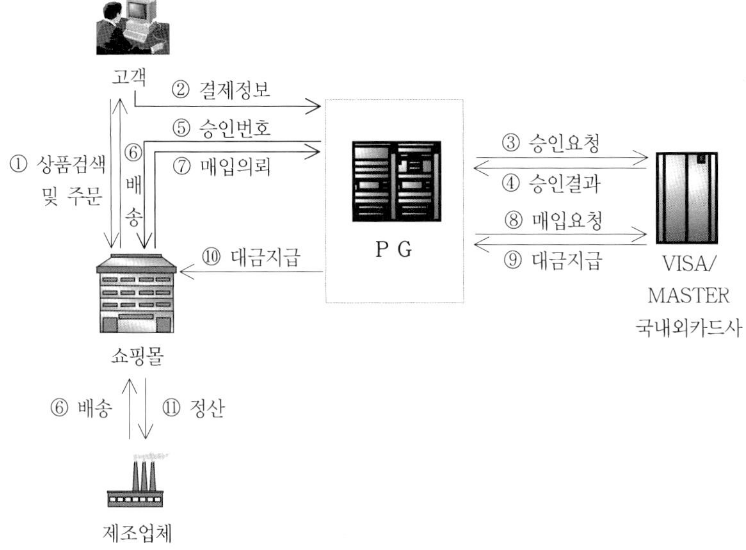

자료: 한국은행, "전자상거래 지급결제수단 현황", 2001. 5, p.10.

신용카드 지급방식에서는 인터넷을 통하여 전달되는 사용자의 신상정보와 신용카드 정보에 관한 보안이 필수적이라 하겠다.

신용카드방식의 전자지불결제시스템은 1994년 First Virtual Holding Inc.에 의해 VirtualPIN이라는 신용카드기반 전자지불시스템이 인터넷상에 처음 도입한 이래로 현재 가장 넓은 사용자기반을 가진 전자지불시스템의 지위를 차지하고 있다.

운영방식은 <그림 4-1>에 나타난 바와 같이 구매자와 판매자의 쇼핑몰에서 구매이사결정을 통해 신용카드번호를 기입하면 그 정보가 Payment Gateway(PG)[136] 업체를 거쳐 신용카드사에 전달되어 구매인

---

136) Payment Gateway(PG)란 대금지급 가능여부 조회 및 지급요청 중계시스템을 말한다.

증이 처리되고, 신용카드사의 사용자 인증을 거쳐 인증완료 메시지가 역의 순서로 전달되어 지불결제 과정이 수행된다.[137] 실질적인 구매대금의 정산은 일정시점 이후에 판매자와 신용카드사 또는 신용카드사-PG업체/PG업체-판매자 사이에서 이루어지며, 이후 구매자-신용카드사와의 정산을 거쳐 전체적인 지불결제 과정이 완료된다.

최근 들어서 그동안 신용카드방식의 한계로 지적되어 왔던 소액결제시장, 신용카드를 발급 받을 수 없었던 청소년 계층, 그리고 신용카드번호 기입에 따른 보안문제를 염려하여 사용을 기피하였던 계층 등을 공략하기 위해서 버추얼카드[138] 등의 형태로 인터넷에 더욱 최적화된 모습으로 발달하고 있다.

신용카드를 이용한 결제방식과 결제흐름은 본 연구에서 제시하고자 하는 관세부과 제안모델의 근거를 제안해 주고 있으며, 이를 이용하여 관세청(세관)과 연계한 부과모델을 제시하고자 한다.

2) 계좌이체

계좌이체, 즉 전자자금이체(EFT: Electronic Funds Transfer)란 전자적 수단에 의해서 개시된 지시에 의하여 금융기관 계좌에의 입금 또는 계좌로부터의 출금이 이루어지는 자금이동 또는 금융기관 계좌로부터의 입·출금 혹은 계좌 상호간의 입·출금의 전 과정 내지 일부가 전자화된 방법에 의하여 이루어지는 자금이동이라고 할 수 있다.

---

137) 일반적으로 PG서비스를 전문으로 하는 업체가 존재하나 대형쇼핑몰을 중심으로 직접PG인프라를 구축하여 자체 처리하는 경우도 있다.
138) 온라인 신용카드인 버추얼카드는 신용카드번호를 기입하는 대신 상거래 발생 시마다 새로운 번호를 부여하여 보안문제를 어느 정도 해결하고자 한 방식이 등장하고 있으며, 또한 발급대상을 기존 소득이 있는 성인층을 넘어 청소년까지 확대한 제품도 등장하고 있다.

이러한 전자자금이체는 현재 매우 보편적인 자금이동수단으로 이용되고 있으며, 보통 이는 현금자동지급기(CD: Cash Dispenser), 자동예입인출기(ATM: Automated Teller Machine) 등에 의한 자금이동을 함께 포함하여 이해되고 있다.

전자자금이체 역시 자금의 입·출금에 대한 지시와 그에 따른 처리가 전자적인 방법에 의하여 이루어진다는 점에서 전자문서교환(EDI)과 함께 전자상거래의 선행적 역할을 담당하여 왔다.

그리고 이러한 전자자금이체의 전자적 방법에 의한 입·출금은 하이텔, 천리안 등을 비롯한 각종 컴퓨터 통신서비스를 통하여 홈뱅킹(Home Banking)이라는 이름으로 이용되기 시작하여 현재는 비록 신용카드를 기반으로 한 것에 한정되고 있기는 하나 인터넷을 통한 자금결제의 수단으로도 상당한 정도 이용되고 있는 실정이다. 전자자금이체는 전자거래의 한 영역으로 특히 대금결제의 수단으로서 앞으로도 많은 역할을 할 것으로 기대되고 있다.

계좌이체를 이용한 지급방식은 고객과 판매자 간에 계좌 간 자금이체를 통하여 거래대금을 결제하는 시스템으로써 ATM, 홈뱅킹, 인터넷뱅킹 등 이용가능 채널이 다양하며, 특히 인터넷뱅킹은 보다 폭넓은 서비스를 시간·공간적 제약 없이 저렴한 수수료로 제공하는 장점이 있다. 대부분의 은행이 인터넷쇼핑몰 등과의 제휴를 통하여 계좌이체서비스를 제공 중에 있다.

〈그림 4-2〉 계좌이체

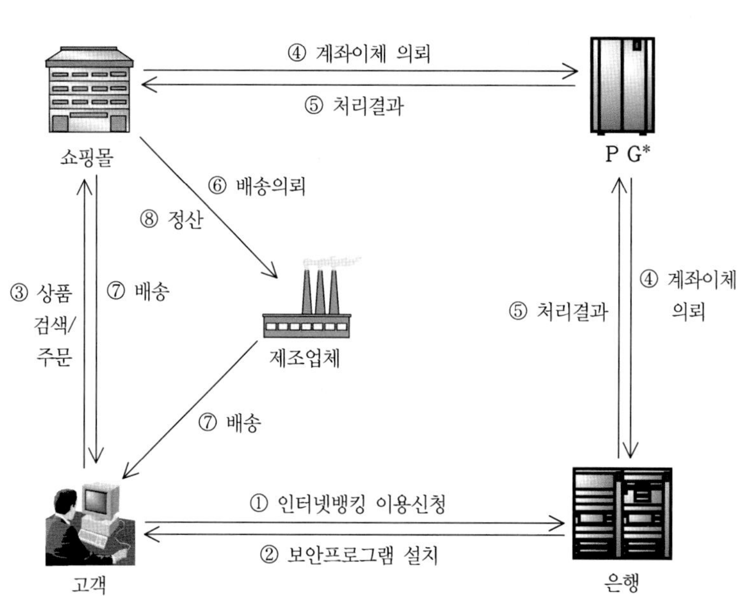

자료: 한국은행, "전자상거래 지급결제수단 현황", 2001. 5, p.9.

계좌 이체방식의 전자지불결제시스템은 지불과정에서 신용카드번호 대신 은행계좌번호를 입력한다는 것에서 차이가 발생할 뿐 운영과정에 있어서는 신용카드방식과 거의 유사하게 운영된다.

그러나 구매대금 정산이 즉각적으로 이루어진다는 점에서 신용카드 방식과의 본질적인 차이를 보인다. 즉 구매의사결정이 이루어진 후 구매자는 은행계좌번호를 송신하고, 이러한 금융정보는 PG를 거쳐 구매자의 거래은행에 전달되고, 일반적으로 비밀번호 인증과정인 적절한 인증과정을 거쳐 판매자의 거래은행으로 직접 송금되는 일련의 과정을 거쳐 지불결제가 완료된다. 상기에서 설명한 계좌이체 결제방식의 절차는 본 연구의 목적에 부합하는 모델을 제시해 줄 것이다.

3) 네트워크형 전자화폐

전자화폐란 IC카드 또는 네트워크에 연결된 컴퓨터에 은행예금이나 돈 등이 전자적 방법으로 저장된 화폐적 가치를 말한다. 국제결제은행은 PCS, 단말기 또는 인터넷 등 컴퓨터 네트워크를 통해 대금지불을 목적으로 칩(Chip)이나 소프트웨어상에 저장되어 있는 가치를 전자화폐라 정의하고 있다.

전자화폐는 화폐적 가치가 어떻게 저장되었는가에 따라 IC카드형과 네트워크형으로 나뉘게 된다. IC카드형은 고객의 예금을 전자적인 방법으로 IC칩이 내장된 카드에 이전·저장하고 이를 물품 및 서비스 구매 등에 사용할 수 있는 지급결제수단을 말하며, 네트워크형 전자화폐란 고객의 예금을 인터넷 등 공중통신망과 연결된 PC 등의 매체에 이전·저장하고 이를 물품 및 서비스 구매 등에 사용할 수 있는 지급결제수단을 말한다.

IC카드형 전자화폐는 온라인·오프라인 모두에서 사용할 수 있도록 플라스틱카드 안에 마이크로프로세서, 메모리, 운영시스템 등을 탑재한 IC칩을 내장하고, IC칩 안에 사용자 정보 등을 담아둔다. IC카드로의 충전은 사전에 등록한 은행계좌 내지는 신용카드를 이용하며, 판매자의 상점에 설치된 POS 단말기를 통해 구매대금을 지불한다. 그러나 IC카드형 전자화폐는 기본적으로 오프라인시스템이기에 구체적인 정산은 판매자가 이전된 전자화폐를 거래은행에 제시함으로써 판매자의 대금 회수가 이루어지며, 이후 구매자의 IC카드에 연동된 거래은행과 대금지불을 실시한 판매자의 거래은행 사이에 최종적인 정산이 이루어지게 된다.[139]

---

139) 김성현·권남훈·이광훈·김준한, "인터넷기반산업으로서의 지불결제 서비스시장의 구조 및 전망", 정보통신정책연구원, 연구보고 01-19, 2001.

146

네트워크형 전자화폐는 화폐가치를 전자화하여 PC 등에 저장하였다가 인터넷 등의 네트워크를 통해 지불결제에 사용하는 방식으로 선불형과 전자지갑형이 있다.[140]

전자지갑형이 소프트웨어를 다운로드받아 PC에 설치하여 충전하고, 충전은 온라인에서만 가능하다는 점만 다를 뿐 기본적인 운영과정은 선불형네트워크 전자화폐와 유사하다. 이러한 과정은 전자화폐 구매(충전)과정과 컨텐츠 구매과정으로 분리되어 진다. 전자화폐 구매(충전)과정에서는 구매자, 전자화폐 발행업체, 신용카드·은행 등의 금융기관이 참여하며, 신용카드방식 내지는 계좌 이체방식의 전자지불시스템 등이 이용되고 있다. 최근에는 편리성을 강조한 모바일 지불결제시스템[141]의 이용이 높아지고 있다.

이에 반해 컨텐츠 구매과정에서는 구매자, 전자화폐 발행업체, 판매자가 참여하며, 전자화폐 발행업체는 화폐발행을 통해 보관하고 있는 금액을 바탕으로 구매자의 컨텐츠 구매대금에 대하여 판매자와 정산을 한다.[142]

12, pp.51-52.

140) 네트워크형은 컴퓨터 하드디스크에 사용자 정보를 저장해 놓고 온라인상에서 각종 결제를 하는 방식이다. 전자지갑이라는 온라인 도구에 돈을 저장해 두고 전자상거래 때마다 대금을 결제한다. 눈에 보이는 카드형태가 아니기 때문에 상점 등 오프라인(off-line)에서 물건을 살수는 없지만 원격지 송금 등을 쉽게 할 수 있다. 전자화폐용 소프트웨어만 구입하면 기존 컴퓨터에서 바로 사용할 수 있다. 미국의 마크 트웨인 은행은 네덜란드 디지캐시사와 공동으로 'e-캐시'를, 사이버캐시사는 '사이버캐시'를 공급하고 있다. 국내에서는 이니시스의 '이니페이', 한국정보통신의 '이지캐시' 등이 대표적이다.

141) 모바일 지불결제시스템이란 온라인·오프라인상에서 구매한 대금을 휴대폰 사용요금에 포함시키는 방식, 일명 폰빌 방식으로 휴대폰 무선망을 통해 실시간 인증과 전자결제시스템을 연동하는 소프트웨어방식과 휴대폰에 스마트칩을 장착한 하드웨어방식으로 구분된다.

142) 김성현·권남훈·이광훈·김준한, 전게서, p.53.

전자상거래 대금지급에 적합한 형태의 전자화폐로는 디지캐쉬사의 eCash[143], 사이버캐쉬사의 CyberCoin 등이 있다. 현재 신용카드, 교통카드, 주민카드 등과 기능을 손쉽게 통합할 수 있는 IC카드형의 도입이 활발하게 추진 중에 있으며, 최근 전자상거래의 확산 등에 따라 기존의 IC카드형 전자화폐를 네트워크상에서도 이용할 수 있도록 하기 위한 프로젝트들이 진행되고 있다.

국내에서는 금융결제원의 K-캐쉬(K-Cash), 몬덱스인터내셔널 주도의 몬덱스전자화폐, 비자인터내셔널이 개발한 비자캐쉬 등 3종의 전자화폐들이 경쟁을 벌이고 있다.

K-Cash캐쉬는 금융결제원이 21개 은행들과 7개 카드사와 공동으로 추진하는 한국형 전자화폐를 말한다. 이용자들은 K-Cash 회원사들로부터 전자화폐를 발급받아 K-Cash 가맹점에서 사용하게 되며, 가맹점은 고객으로부터 받은 전자화폐를 은행 등 회원사에서 현금으로 바꾸게 되고, 금융결제원은 VAN(부가통신망)사업자로부터 가맹점의 K-Cash 거래정보를 수집해 회원사 간 전자화폐 발행 및 매입금액 차액을 결제하게 된다.

K-Cash는 다수의 발행기관 간에 정산이 필요하고, 가맹점의 거래정보를 제공하는 VAN사업자가 중간에 존재하는 것이 특징이며, 한국형 보안알고리즘[144]을 채택해 국제호환이 불가능한 것이 단점이다. 신용

---

143) 이캐시(eCash)는 1994년 10월부터 네덜란드 디지캐시사(社)에서 발행한 것으로, 인터넷을 통해 지불하는 최초의 전자화폐이다. 이캐시를 사용하려면 먼저 이캐시 클라이언트 소프트웨어를 이용해 은행에서 이캐시를 찾아 자신의 컴퓨터에 저장한다. 그리고 이캐시를 취급하는 상점에서 물건을 사고 이캐시를 지불한다. 이캐시는 환금성을 가지므로 상점은 바로 물품이나 서비스를 제공할 수 있다.

144) 알고리즘이란 유한한 단계를 통해 문제를 해결하기 위한 절차나 방법을 말하는 것으로 컴퓨터용어로서의 알고리즘은 어떤 문제의 해결을 위해 컴퓨터가 사용 가능한 정확한 방법을 말한다.

148

및 직불카드 기능을 갖고 있지는 않으나 필요할 경우 추가할 수 있게 국제적인 규격을 채택하고 있으며, 전자상거래에 이용되기 위해서는 네트워크화가 필요하다.

다음의 〈그림 4-3〉은 앞서 설명한 한국형 전자화폐인 K-cash의 전자결제 흐름을 보여 주고 있다.

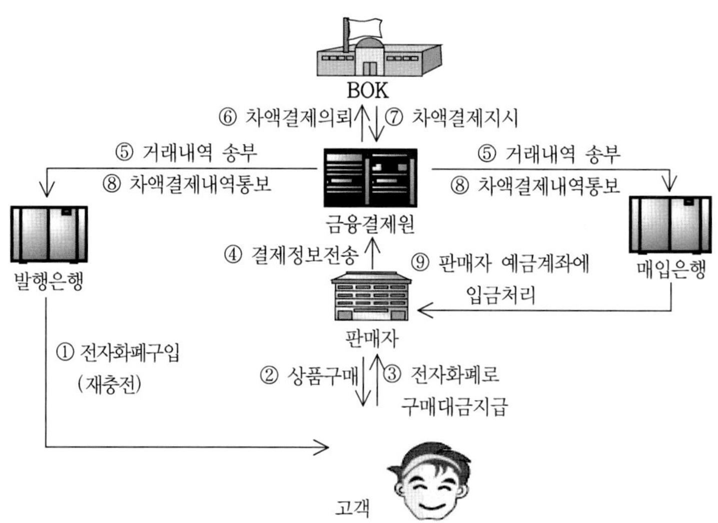

〈그림 4-3〉 한국형 전자화폐(K-Cash)

자료: 한국은행, "전자상거래 지급결제수단 현황", 2001. 5. p.12.

전자화폐의 도입은 지급결제의 안정성에 영향을 미칠 수 있으므로 전자화폐를 발행할 수 있는 기관을 제한할 필요성이 있을 것이다. 아울러 전자결제의 신뢰성을 확보하기 위하여 위조, 변조를 방지하기 위한 암호화 기법의 개발과 이의 적절한 이용을 위한 기술적, 제도적 장치가 필요할 것이다.

즉 전자지급결제제도의 확대에 따라 소비자 보호문제가 대두될 것이다. 전자화폐의 분실, 위조, 변조, 부정사용 등으로 선량한 카드소유자에게 피해를 주어 전자화폐 유통에 부정적인 영향을 줄 수 있다. 입법정책적인 문제로 전자화폐의 위조, 변조 및 부정사용 시 소비자의 책임을 제한하는 규정을 두는 것이 바람직 할 것이다.

전자상거래에 있어서 대금결제수단으로 전자화폐는 향후 그 비중이 높아질 것이며, 중요한 지급수단이 될 것이다. 추후 면밀한 검토와 체계적인 연구를 통하여 장래에 전자화폐를 이용한 관세부과 모델을 생각해 볼 수 있을 것이다.

제5장 전자 전송물의 관세부과 방안

관세란 일반적으로 외국으로부터 수입되는 재화에 대해 부과하는 조세를 의미한다. 우리나라의 관세율은 조세법률주의[145]에 의거하여 관세법에 의해 결정, 조정되는 것을 원칙으로 하고 있다. 그러나 1980년대 이후 정부주도형 성장의 한계에 따른 민간주도형 경제로의 이행으로 관세정책도 민간의 자율과 경쟁, 시장경제의 활성화가 강조되고 있다.

우리나라의 관세는 국내산업의 보호를 효과적으로 수행하기 위하여 원재료 ·반제품에는 낮은 세율을 적용하고, 가공도가 많음에 따라 높은 세율을 적용하는 경사관세제도를 사용하고 있다.[146] 그러나 국내조

---

[145] 조세의 부과·징수는 반드시 국회에서 제정하는 법률에 의하여야 한다는 주의를 말한다. 근대 의회주의의 "대표 없으면 과세 없다"는 원칙의 표현으로서, 근대 헌법은 모두 이 원칙을 규정하고 있다. 우리나라 헌법도 "모든 국민은 법률이 정하는 바에 의하여 납세의 의무를 진다."(제38조), "조세의 종목과 세율은 법률로 정한다"(제59조)고 규정하여 이 원칙을 선언하고 있다. 법률로 정하여야 할 것은 조세의 종목(種目)과 세율(稅率)에만 한하는 것이 아니고, 과세대상·과세표준·납세의무자 등 조세의 부과와 징수에 대한 구체적 사항이 모두 포함되며, 행정부가 마음대로 정할 수 없다. 조세법률주의에 대한 예외로서 지방세가 있다. 지방세는 지방세법이 일반적 기준을 정하고 있지만, 구체적인 부과·징수에 관하여는 지방자치단체가 조례(條例)로써 정한다.

[146] 제품의 가공 정도가 높아짐에 따라서 관세율도 높아지는 관세구조를 말한다. 즉 자국의 제조업을 보호하기 위해 원자재 수입에 대해서는 관세를 전혀 부과하지 않거나 낮게 부과하고, 완제품의 수입에 대해서는 제품의 가공도가 높을수록 관세율을 높이는 정책을 말한다. 이 경우 수입 투입물이 상대적으로 낮은 관세를 적용 받아 자원수입국의 생산자는 상대적으로 보호를 받는 반면, 비가공제품과 원료를 수출하는 자원수출국의 가공업의 시장접근을 저해하는 효과를 초래한다. 우리나라를 비롯한 대부분의 국가에서는 원료·자재·연료 등 산업용 원자재에 대해서는 저율의 관세가 적용되고 있는데, 세계무역기구(WTO) 무역환경위원회의 보

달이 불가능한 자본재에 대하여는 설비투자에 따른 자금부담을 완화시켜 주기 위하여 관세감면제도[147] 및 관세분할 납부제도 등과 같은 관세상의 지원을 마련해 주고 있다.

전자상거래에 있어서 현재 우리나라에서는 전자상거래를 통하더라도 유형의 재화가 구매·수입되는 거래는 전통적인 거래유형의 수입물품과 동일하게 물리적인 운송 및 세관통과 절차를 거치므로 관세부과 대상이 되어 동일하게 관세를 부과하고 있다. 그러나 전자상거래를 통해 구매·전송되는 무형의 전자 전송물에 대하여서는 WTO의 무관세 관행의 잠정유지 의견을 수용하여 관세를 부과하고 있지 않다.

따라서 전자 전송에 의하지 않고 기존 상거래 방식으로 통관하는 경우에는 수입가격 전체에 대해서 관세가 부과되며, 디지털로 변환되어 전자적 전송으로 이루어지는 경우에는 관세가 부과되지 않아 조세 중립성의 원칙이 무너지게 되는 문제점이 발생하며, 또한 인터넷을 무관세지대로 방치할 경우 우리나라의 컨텐츠 산업의 잠식과 세수누출이 예상된다.

그러므로 무관세 정책을 계속 지지할 것인지에 대해서는 국제적 동향 및 우리의 입장을 체계적으로 정리하여 추가적인 논의가 필요하다 생각되며, 국제규범과의 조화를 전제로 하여 관세를 부과하지 않을 경우 및 관세를 부과할 경우에 대한 경제적·기술적·제도적 방안이 심도 있게 논의되어져야할 필요성이 있을 것이다.

고에 의하면 철강·섬유류·피혁·목제품 등에 경사관세가 존재함을 밝히고 있다.

[147] 국가가 가지고 있는 관세채권의 전부 또는 일부를 포기하는 것을 관세감면제도라고 하며, 국가는 경제정책·사회정책·문교 및 과학진흥정책 등 여러 가지 이유에서 관세를 감면하여 주거나 또는 국제관행에 따라서 관세를 감면해 주고 있다. 감면제도는 조세법률주의의 원칙상 반드시 법률에 근거를 두어야 한다.

제1절 전자 전송물에 대한 관세부과의 경제적 효과

전자상거래에 대한 경제적 비용과 편익효과를 수치화, 계량화하기에는 어려운 점이 존재하여 현재까지는 이에 대한 분석이 용이하지 않다.[148] 그러나 관세부과 문제를 규명하기 위해서는 전자상거래의 관세부과로 인한 효과를 검토하여야 할 것이다.

본 절에서는 전자 전송물의 국제 전자상거래 시 관세부과로 인하여 초래되어 질 것으로 예상되는 경제적 파급효과를 긍정적 효과인 편익 측면과 부정적 효과를 나타내는 비용 측면으로 나누어 살펴볼 것이다.

---

[148] 전통적인 방법에 의한 기존 상거래의 경우에 있어 관세부과가 후생에 미치는 효과에 대하여는 다양한 연구가 전개되어 왔으나, 비중이 점차 증가하고 있는 전자상거래에 대한 관세부과의 효과 분석에 관해서는 최근에야 연구가 이루어지고 있다. 기존연구에서 설명한 바와 같이 이러한 몇몇 연구들은 전자거래를 통한 디지털 변환제품에 대한 관세부가 여부가 후생에 어떠한 영향을 미칠 수 있는지에 초점이 맞추어져 있고, 디지털제품에 대한 무관세화가 소비자 후생을 증가시키고 있다는 결론을 도출하여 관세부과에 있어 무관세화의 입장을 대변해 주고 있다.

<표 5-1> 전자상거래 관세부과의 경제적 파급효과

관세부과의 효과	긍정적 효과	·관세수입 증대 및 관세누수 방지 효과	·기존 매체를 통한 거래를 대체할 가능성이 높은 디지털 정보형태의 온라인거래 제품에 대한 관세수입 감소 방지 및 관세수입 증대
		·형평성 제고 효과	·전통적 상거래와 전자거래 간 관세취급의 형평성 제고
		·디지털콘텐츠 산업 보호효과	·디지털 콘텐츠산업 기반확충 및 국제 경쟁에서 상대적으로 비교열위에 있는 디지털 문화콘텐츠 산업의 보호
	부정적 효과	·행정비용 및 사회적 비용 발생 효과	·관세당국의 행정업무 과부하 발생 ·관세당국의 징수비용과 관리비용 증가 ·소비왜곡에 따른 사회적 비용 발생
		·소비자 후생 감소	·전자거래 무관세 효과 상쇄로 인한 소비자 해당 향유 이익의 감소

자료: 연구자 작성.

1. 긍정적 효과

전자상거래에 대한 관세부과로 인하여 예상되어지는 긍정적인 파급효과는 관세수입 증대 및 관세누수 방지 효과, 거래물품에 대한 형평성 제고 효과, 디지털 콘텐츠 산업을 보호하는 효과 등으로 나누어 볼 수 있다.

(1) 관세수입 증대 및 관세누수 방지 효과

디지털 정보형태로 이루어지는 온라인거래에서는 기존의 상거래에서 관세부과 대상이던 재화가 인터넷 등의 전자매체를 이용한 전자상거래를 통하여 주문 및 전송되므로 우편주문이나 전화주문의 경우보다 인터넷을 통한 정보교환이 용이하게 될 것이다. 그러므로 인터넷을 통한 상품주문이 늘어나게 될 것이며, 이로 인하여 기존의 매체를 통한 거래를 대체할 가능성이 높아지므로 관세수입은 줄어들게 될 것이다.

현행 관세법상 수입물품의 과세가격은 우리나라에 수입 판매되는 물품에 대하여 구매자가 실제로 지급하였거나 지급하여야할 가격뿐만 아니라 당해 물품에 관련된 특허, 실용신안권, 의장권, 상표권 및 이와 유사한 권리를 사용하는 대가로서 당해 물품에 관련되고 당해 물품의 거래조건으로 구매자가 직접 또는 간접으로 지급하는 금액을 가산한 것이다.[149]

또한 저작권뿐만 아니라 저작권 등의 법적 권리와 법적 권리에는 속하지 않지만 경제적 가치를 가지는 것으로서 상당한 노력에 의하여 비밀로 유지된 생산방법, 판매방법 기타 사업활동에 유용한 기술상 또는 경영상의 정보 등의 영업비밀(이른바 노하우)도 과세대상에 포함시켰다.[150]

---

[149] 관세법시행령 제19조(권리사용료의 산출) ② 법 제30조 제1항의 규정에 의하여 당해 물품에 대하여 구매자가 실제로 지급하였거나 지급하여야 할 가격에 가산하여야 할 특허권·실용신안권·의장권·상표권 및 이와 유사한 권리를 사용하는 대가(이하 "권리사용료"라 하며 특정한 고안이나 창안이 구현되어 있는 수입물품을 이용하여 우리나라에서 그 고안이나 창안을 다른 물품에 재현하는 권리를 사용하는 대가를 제외한다)는 당해 물품에 관련되고 당해 물품의 거래조건으로 구매자가 직접 또는 간접으로 지급하는 금액으로 한다.

[150] 관세법시행령 제19조(권리사용료의 산출) ① 법 제30조 제1항 제4호에서 "이와 유사한 권리"라 함은 다음 각 호의 1에 해당하는 것을 말한다. 1. 저작권 등의 법적 권리, 2. 법적 권리에는 속하지 아니하지만 경제적 가치를 가지는 것으로서 상당한 노력에 의하여 비밀로 유지된 생산방법·판매방법 기타 사업활동에 유용한 기술상 또는 경영상의 정보 등(이하 "영업비밀"이라 한다)을 말한다.

관세법 제14조[151]의 수입물품에는 관세를 부과한다는 규정과 관련하여 볼 때 우리나라에서는 수입물품과 관련되어 지급되는 사용료 소득은 관세의 대상이 되고 있다. 다만 수입물품과 관련이 없는 즉 통관절차를 거치지 않고 수입되는 저작권이나 노하우의 경우에는 현실적으로 관세부과 대상이 되지 않고 있다.

통관절차를 거치지 않고 온라인으로 제공될 수 있는 재화는 주로 소프트웨어, 영화필름, 비디오, 전자책 등의 경우가 될 것이다. 현행 과세규정은 다음의 〈표 5-2〉과 〈표 5-3〉과 같으며, 이는 디지털화되어 전송되어 질 수 있는 음반과 영화의 현행관세율을 정리한 것이다.

기존 매체를 통한 거래를 대체할 가능성이 높아질 것으로 예상되는 디지털 정보형태의 온라인거래 제품에 대한 관세부과로 관세수입의 증대 및 관세누수를 방지할 수 있을 것이다.

---

151) 관세법 제14조 (과세물건) 수입물품에는 관세를 부과한다.

<표 5-2> 디지털화 가능 영화의 관세율

HS부호			품 명	현행세율
3706 10			영화용필름 1. 폭이 35mm 이상의 것	
	10	00	가. 사운드트랙만의 것	240원/m
	20	00	나. 뉴스용의 것	6원/m
	30		다 . 합작영화	
			(1) 랏슈	35원/m
		10	(2) 기타 네가티브합작영화	600원/m
		20	(3) 기타 포지티브합작영화	100원/m
		30	라. 우리나라 제작자가 외국에서 촬영한 것과 방화	35원/m
	40		마. 폭이 35mm 이상 40mm 이하의 것	
	50	10	(1) 네가티브	1,160원/m
		20	(2) 포지티브	240원/m
	60		바. 폭이 40mm를 초과하는 것	
		10	(1) 네가티브	2,040원/m
		20	(2) 포지티브	340원/m
90			2. 기타	
	10		가. 사운드트랙만의 것	12원/m
	20		나. 뉴스용의 것	6원/m
	30		다. 합작영화	
		10	(1) 랏슈	35원/m
		20	(2) 기타 네가티브합작영화	600원/m
		30	(3) 기타 포지티브합작영화	100원/m
	40		라. 유리나라 제작자가 외국에서 촬영한 것과 방화	35원/m
	50		마. 20mm 이하의 것	
		10	(1) 네가티브	60원/m
		20	(2) 포지티브	12원/m
	60		바. 폭이 20mm를 초과하고 35mm 이하 인 것	
		10	(1) 네가티브	1160원/m
		20	(2) 포지티브	240원/m

자료: http://www.customs.go.kr에서 연구자 정리·작성.

〈표 5-3〉 디지털화 가능 음반의 관세율

HS부호			품 명	현행세율
8524			음성 또는 기타 이와 유사한 현상이 기록된 레코드·테이프와 기타의 매체	
10	00	00	1. 축음기용의 레코드판	8%
2			2. 마그네틱 테이프	
21			가. 폭 4mm 이하의 것	8%
	10	00	비디오 녹화된 것	
	20	00	전자계산조직의 자료를 기록한 것	
	90	00	기타	
22			나. 폭 4mm초과 6.5mm 이하의 것	8%
	10	00	비디오 녹화된 것	
	20	00	전자계산조직의 자료를 기록한 것	
	90	00	기타	
			다. 폭 6.5mm초과의 것	
23	10	00	(1) 비디오 녹화된 것	20원/표준속도 매분당
	90		(2) 기타	8%
		10	전자계산조직의 자료를 기록한 것	
		20	기타	
90			3. 기타	8%
	10	00	비디오 녹화된 것	
	20	00	전자계산조직의 자료를 기록한 것	
	90	00	기타	

자료: http://www.customs.go.kr에서 연구자 정리·작성.

(2) 형평성 제고 효과

전통적 상거래와 전자상거래 간 관세부과 차별대우 문제를 해소하여 중립적이고 공평성을 유지할 수 있다. 디지털 정보형태로 이루어지는

on-line 거래에서는 기존의 상거래에서 관세부과 대상이던 재화가 인터넷 등의 매체를 이용한 전자상거래를 통하여 주문 및 전송되므로 거래수단에 따른 과세차별의 문제를 발생시키게 되었다.

현행 우리나라는 영화를 필름 등에 수록하여 수입하는 경우에는 미터당 6원~2,040원의 관세가 부과되나 인터넷을 통해 다운로드 받을 경우 무관세 원칙에 따라 관세를 부과하지 않게 된다.

음반의 경우에도 레코드·테이프 등을 수입하는 경우에는 8%의 관세가 부과되나 현재 일반화되어 있는 인터넷을 통한 MP3나 RA파일 등의 형태로 다운로드 받을 경우에는 무관세가 적용되어 수입방법에 따라 관세의 차별이 생기게 될 것이다.[152]

다음의 〈표 5-4〉는 현재 오프라인 거래에서 부과되고 있는 관세율과 디지털화 가능 재화를 전자상거래와 비교하여 정리한 것이다. 표에서 나타난 바와 같이 영화, 음악 등과 같은 디지털 문화 콘텐츠 부문에서 과세차별의 문제점을 야기하고 있다.

관세차별이 생기는 경우에는 낮은 세율을 적용 받는 거래수단으로 집중될 것이다. 뿐만 아니라 인터넷을 통한 정보의 교환이 용이하고, 거래에 따른 운송비 등의 부대비용이 적어 전자상거래가 증대할 것이며, 이는 앞서 설명한 바와 같이 그에 따른 관세수입 누수 및 감소의 문제와도 직결될 것이다.

---

152) 전자상거래에서 영화필름이나 음반이 거래되고 온라인으로 공급되는 경우 관세를 부과하지 않는다는 명시적인 규정은 없으나 현재 파악이 불가능하기 때문에 실질적으로 이에 대하여 관세를 부과하지 않고 있다. 영화필름이나 음반에 대한 관세율이 높은 수준은 아니지만 음반의 전자상거래가 현재 매우 빠른 속도로 성장하고 있다는 점에서 가까운 미래에는 이것이 큰 문제로 등장할 수 있을 것이다.

<표 5-4> 디지털화 가능 재화의 관세율

대 상 품 목	현행 수입형태	관세부과여부	
		현행거래	인터넷거래
·디지털신호 형태 –컴퓨터 소프트웨어 –전자출판물	디스켓 등에 수록	0	무관세
	인공위성 전송	무관세	
·영화	필름 등에 수록	종량세: 2,040원–6원/m (종류별 다양)	무관세
·음악	음반(CD)에 수록	8%	무관세

자료: 산업자원부, 「인터넷 전자상거래 종합대책」, 1998, p.11.

전자 전송물의 관세부과는 관세수입의 증대 및 누수뿐만 아니라 전통적 상거래와 전자상거래 간 관세취급에 있어서 형평성·중립성·공평성을 유지할 수 있을 것이다.

(3) 디지털 콘텐츠 산업의 보호효과

현재 세계경제는 콘텐츠산업을 중심으로 기업합병, 전략적 제휴 등을 통해 기업구조 개편이 가속화되어 자본과 노동 중심에서 Software와 콘텐츠가 중심이 되는 지식기반 경제로 급속히 이동하고 있다.[153] 향후 전개될 문화콘텐츠산업 시장의 재편에 따라 국가별 경쟁력이 영향을 받게 될 것이다.

종래에는 관세부과의 가장 큰 기능이 재정수입의 확보였으나, 현대의 관세는 국내산업의 보호를 위한 무역정책의 한 방법으로 사용되고 있

---

[153] 예를 들면 세계적 주요 기업인 AOL-Time Warner 등 인프라와 콘텐츠의 합병, 소니·MS의 게임시장 진출 등을 들 수 있다.

다. 전자 전송물에 대하여 관세를 부과함으로써 디지털제품의 가격이 조정되어 해당 물품의 전자상거래를 다소 규제하는 효과가 발생하게 될 것이다. 즉 디지털제품에 관세를 부과됨으로 인하여 해당 물품의 수입이 억제되는 효과를 발생시키게 될 것이고, 디지털제품의 가격이 관세부과액 만큼 상승하게 되어 국내의 디지털제품에 비해 가격 경쟁력이 낮아져 국내산업을 보호하는 효과를 가져오게 될 것이다.

21세기 디지털 경제를 선도할 핵심산업으로 부상하고 있는 디지털콘텐츠산업은 고속 성장산업인 동시에 고부가가치 산업이다. 선진국들은 디지털콘텐츠 산업을 국가 미래 전략사업으로 선택하여 집중적으로 투자하면서 세계시장에서 우위를 가지려고 총력을 기울이고 있다. 디지털제품의 제1수출국인 미국의 경우만 보더라도 미디어·엔터테인먼트 산업은 군수산업에 이어 제2위의 산업으로 미국경제를 견인하고 있으며,[154] 향후 2005년경에는 세계시장의 70%를 점유할 것으로 전망되고 있다.[155]

일본은 모바일 콘텐츠와 게임, 애니메이션을 중심으로 하여 세계적으로 가장 높은 경쟁력을 갖추고 있으며, 영국도 지식산업과 문화산업으로 대표되는 디지털 콘텐츠산업을 핵심산업으로 선정하여 2000년 세계 음반시장의 18%, 게임시장의 25%를 차지할 만큼 디지털 콘텐츠 강국으로 도약하고 있다.[156]

상대적으로 우리나라의 콘텐츠 산업은 열악한 상황에 놓여 있다. 디

---

154) 미국의 콘텐츠산업에서 발생하는 수익을 정확하게 집계할 수 없지만 천문학적인 규모로 세계 최대 경제대국의 기반을 공고히 하는 밑거름 기능을 하고 있다. 또한 미국은 이에 그치지 않고 콘텐츠개발 및 보급지원, 재정지원, 아웃소싱의 확대, 기업인수합병, 기업 간 전략제휴, 방송과 통신사업의 재편성 등 포괄적이면서도 구체적인 산업발전 전략을 구사하고 있다.
155) 윤창인, "국제규범 워킹그룹-WTO의 전자 전송물 분류에 대한 논의 및 우리의 대응", 한국전자거래진흥원, 2002. 1, p.86.
156) 윤창인, 전게서, p.87.

지털 콘텐츠 관련 산업이 고부가가치산업임에도 불구하고 투자부족, 업체 및 시장규모의 영세성, 하청구조에의 종속 등으로 우리나라의 콘텐츠 산업시장은 세계시장과 큰 격차를 보이고 있다. 또한 문화콘텐츠산업 성장의 기반이 되는 통신과 방송망은 성공적으로 구축하고 있으나 이 망을 이용할 콘텐츠의 절대량 부족이 문제로 지적되고 있다.

상대적으로 기반이 열악한 상황하에서 세계시장에서 경쟁력을 갖추고 우위를 점하고 있는 선진 각국의 문화콘텐츠 산업들이 밀려온다면 열위의 위치에 놓여 있는 우리 문화콘텐츠 산업에 영향을 줄 것이다. 그러나 향후 국가 주력산업화 가능성이 발견되고 있고, 문화콘텐츠 산업이 문화창의력과 지적 전통기반이 풍부한 우리에게 적합한 분야라는 의견도 제시되고 있다.

이러한 국제상황에 비추어 볼 때 디지털제품의 관세부과는 콘텐츠 산업의 기반을 조성할 수 있도록 하여 세계시장에서 경쟁력을 갖추게 될 수 있는 기회를 제공할 뿐 아니라 해당 산업을 보호하는 역할을 수행할 것이다.

2. 부정적 효과

관세부과로 인한 부정적 파급효과는 관세당국과 소비자 측면에서 접근해 볼 수 있다. 관세당국은 업무부담과 업무부하, 징수비용과 관리비용의 증가를 들 수 있으며, 소비자 측면에서는 효용을 감소시키는 결과를 초래하게 될 것이다.

(1) 행정비용 및 사회적 비용 발생 효과

본질적으로 오프라인 형태인 재화의 국제적 거래에 있어서 관세징수 문제는 기존의 방식대로 원칙적으로 수입 시에 관세당국에서 처리될 것이나, 예상되는 중요한 점은 인터넷 매체 등을 통한 전자상거래가 보편화될 경우, 거래규모가 급증하여 관세당국의 행정에 있어 커다란 업무부하가 걸릴 것이다.

관세원칙은 납세자가 결과를 예측할 수 있도록 분명하고 단순해야 하며, 적기에 정확한 세액을 부과하여야 하고, 탈세 및 조세회피의 가능성을 최소화해야하므로 관세당국은 업무부담을 안게 될 것이다.

또한 전자상거래는 세계시장을 상대로 가상공간에서 거래가 이루어지는 특성을 가지고 있어 관세당국의 과세수집자료의 어려움이 발생할 뿐만 아니라 각종 거래내역이 전자화 됨에 따라 거래의 추적과 세원관리에 어려움이 가중될 것이다. 관세당국은 과세를 하기 위해 거래추적에 따른 시간과 이에 따른 추가적인 비용의 부담을 지게 될 것이며, 이는 전자상거래의 관세부과에 따른 관세당국의 징수비용을 가중시키고, 관리비용을 증가시킬 것이다. 또한 전자상거래의 관세부과는 전자상거래의 감소에 의한 경제 위축을 초래하여 사회적 비용을 발생시키게 될 것이다.

(2) 소비자 후생 감소 효과

전자 전송물에 관세가 부과됨으로 발생하게 되는 결과는 소비자 잉여가 감소되어 결국 소비자 후생의 왜곡을 가져오게 될 것이다. 즉 소비자의 효용 측면에서 전통적인 상거래에 비해 효율성을 가지고 있는 전자상거래로 인하여 소비자는 보다 저렴한 가격을 지불하고도 세계시장으로부터 재화를 수요할 수 있어 소비자 효용을 증가할 시킬 수 있게 될 것이다. 그러나 전자상거래를 통해 소비자 효용을 증가시킬 수 있는 장점이 관세부과로 인하여 그 효과를 상쇄시킬 수 있어 결국 소비자가 누릴 수 있는 그만큼의 효용이 감소하게 되어 결국 소비자의 편익을 왜곡시키게 될 것이다.

물론 관세부과 규제에 따르는 비용과 그에 따른 편익을 상호 비교하여 비용이 상회하게 된다면 비효율을 초래하게 되어 바람직한 방향은 아닐 것이며, 또한 관세규제에 따른 편익과 관세부과로 인하여 무역제재에 따른 산업상의 피해를 비교해 볼 때, 무역제재로 인한 피해비용이 크다면 관세부과 규제는 경제적 손실을 초래하게 될 것이라는 점은 유의해야 할 것이다.

이와 같이 전자상거래에 대한 국제적인 조류와 그에 대한 우리나라의 관세체계정비는 중요한 의미를 가지고 있다. 이러한 상황하에서 전자 전송물에 대한 관세부과가 실효성과 정당성을 발휘하기 위해서는 관세부과시스템이 기존의 전통적인 상거래하의 관세제도와 균형을 이루고, 특히 중립성과 투명성을 통하여 관세부과 절차가 예측가능하고 공정성이 보장되어야 관세부과의 정당성을 확보할 수 있을 것이다.

제2절 전자 전송물의 관세부과 모델설정 시 고려사항과 제안모델

1. 관세부과 모델설정 시 고려사항

인터넷 등의 전자매체를 통한 국제거래에 있어서 효과적인 관세부과 방안을 설정하기 위해서는 다음의 몇 가지 사항이 고려되어져야 할 것이다.

첫째, 온라인 컨텐츠거래나 인터넷 서비스거래에 대하여 재화 서비스의 흐름을 추적하여 관세대상을 포착하기란 기술적으로 거의 불가능하다.[157] 따라서 거래 후 수반되는 대금지불의 흐름을 추적하여 과세근거를 포착하는 방안이 현실적으로 고려될 수 있을 것이다.

둘째, 외국의 콘텐츠 사업자나 판매자의 거래은행에게 인터넷을 통한 전자상거래에 대한 거래 내역의 신고 및 대금입출금에 대한 정보를 요구하거나 강제하는 것은 현실적으로 실현가능성이 희박할 것이며 타당성이 없을 것이다. 외국의 콘텐츠 사업자들이나 판매자의 거래은행들이 거래 내역에 대한 통보사항을 제대로 실행하지 않았을 경우 이를 강제할 수 있는 현실적인 방법이 없기 때문이다.

셋째, 인터넷 매체 등을 통한 전자상거래 시 온라인상으로 소비하는 수입자에게 관세의 신고 납부의무를 부과하는 방법을 생각해 볼 수 있

---

157) 인터넷상에서 타 지역에서의 원격조정, 인터넷거래의 암호화, 변환장치의 사용에 따라 조사와 소득추적이 곤란해 질 수 있으며, 웹사이트나 인터넷 주소의 소유자가 파악되다 하더라도 거래의 암호화, 전송경로의 세분화 등으로 관세당국이 인터넷거래를 파악하고 추적하는 것이 점점 어려워질 수도 있다.

다. 그러나 수입자가 개인이라 할 때, 인터넷상에서 다운로드 받을 때
마다 관세를 신고하고 납부하라는 것은 실효성이 없을 뿐만 아니라 지
켜지기도 힘들 것이다. 물론 지불기관을 통한 거래 포착은 가능하지만
개인에게 관세납부를 강요하는 경우 납부율도 낮을 것이며, 납부에 따
른 징수비용이 높을 것이다. 경우에 따라서는 징수비용이 관세수입보다
더 커서 실익이 없을 수도 있을 것이다.

넷째, 관세부과 대상은 개인의 경우 10만 원 이하의 자가사용물품에
대해서는 관세를 부과하지 않는 방식을 생각할 수 있는데, 이는 우리나
라 관세법상158) 관세가 면제되는 소액물품의 경우에 해당되기 때문이
다.159) 따라서 이들 제품의 수입 시 관세를 면제해 주는 경우와 형평성
을 이루어야 할 필요가 있을 것이다.

따라서 상기의 관점에서 볼 때 관세를 효과적으로 부과할 수 있는
방법은 국내 수입자의 지불기관의 거래대금 지급정보를 이용하여 관세
를 징수하는 방법이 현실적인 방법이 될 수 있을 것이다.

---

158) 관세법 제8조 및 관세법시행령 제2조.
159) 현재 인터넷을 통하여 구입하는 물품은 수입통관 시 총과세가격(물품가
　　격＋운임＋보험료)이 소액물품 면세범위인 10만원 이하이면 관세는 면제
　　되며, 이를 초과하는 경우에는 총과세가격에 대하여 품목별 간이세율이
　　적용되고 있다. 다만, 동 물품의 총과세가격이 10만원 이하로서 관세는
　　면제되더라도 현행 부가가치세법상 부가치세는, DHL 등 탁송품으로 수
　　입되는 경우에는 인터넷 전자상거래는 구입(기증은 제외)에 해당하므로
　　부가가치세는 총과세가격의 10%가 부과되고 있다. 단, 국제우편을 통하
　　여 수입되는 경우 구입·기증 여부와 관계없이 부가가치세가 면제된다.
　　현재 구입하는 물품도 과세가격 10만 원 이하인 경우에는 관세와 부가가
　　치세가 모두 면제되도록 부가가치세법 개정안을 추진 중에 있다.

2. 제안모델

　본 연구는 전자 전송물의 국제 전자상거래가 확산되면서 예상되는 관세문제를 진단하고 그에 대한 방법을 모색하는 데 있고, 관세를 부과할 수 있는 방안을 제시하는 데 있다. 따라서 디지털화되어 물품이 전송되어지면 반드시 그에 대한 반대급부인 대금결제가 있을 것이라는 데서 출발, 인터넷을 통한 전자상거래에 관세를 부과하기 위해 거래대금의 결제과정을 추적하여 과세하는 것이 하나의 방안일 것이다.

　전자상거래에 대한 효과적인 관세부과 방안은 신용카드사나 외국환거래은행과 같은 국내의 지불기관을 이용하여 관세부과 방안을 모색하는 것이 대안일 것이며, 이들 결제방식을 이용한 방안을 제시하면 다음과 같다.

(1) 신용카드회사와 세관과의 연계방안

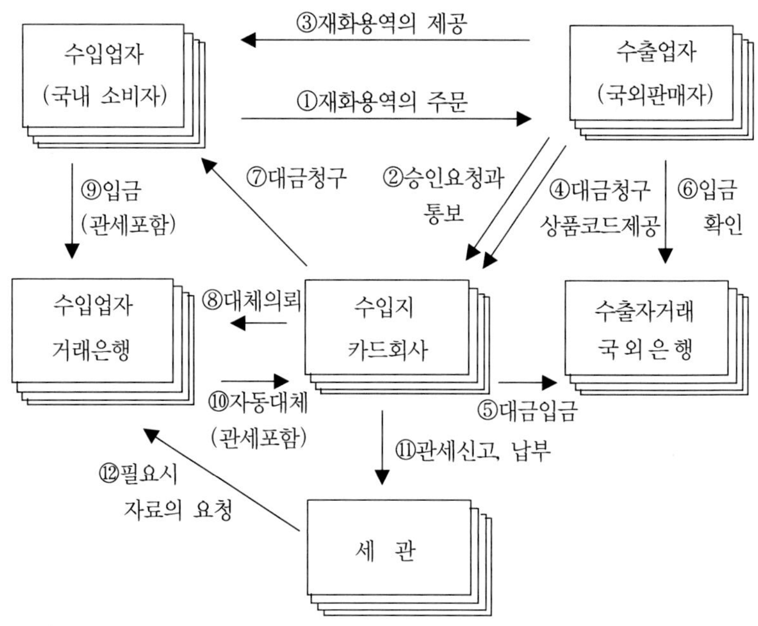

〈그림 5-1〉 신용카드회사와 세관과의 연계방안

상기의 부과방안 절차는 다음과 같이 설명될 수 있다.

① 국내 수입자는 외국의 수출자에게 전자 전송물을 주문하고 신용 카드 정보를 준다.

② 외국의 수출자는 신용카드사에 수입자의 신용구매에 대한 승인을 요청하고 신용카드사는 이를 승인한다.

③ 외국의 수출자는 전자 전송물을 국내 수입자에게 납품하고 신용 카드사에 대금을 청구한다. 이때 외국의 수출자는 신용카드사에 해당 전자 전송물이 관세부과 대상 여부를 판단할 수 있는 정보 를 제공한다.

④ 신용카드사는 외국의 수출자에게 상품대금을 지급하고, 국내 수입자에게는 해당 전송물의 물품대금과 관세액을 합산하여 청구한다.

⑤ 국내 수입자는 관세가 포함된 신용카드 사용대금을 자신의 거래은행에 입금시키고 수입자의 거래은행은 이를 신용카드사로 대체시킨다.

⑥ 신용카드사는 수입자가 입금시킨 금액 중 관세액을 세관에 신고납부한 다. 신용카드사가 관세부과 업무로 인한 업무부담은 관세액 중 일정액을 수수료로 보상하게 된다.

상기의 〈그림 5-2〉은 전자 전송물의 무역거래 대금을 신용카드로 지불하는 경우로 신용카드회사가 대리납부기관의 역할을 수행하여 관세를 징수, 납부하는 방식의 관세징수방안을 제시한 것이다.

국내 수입자의 전자 전송물 수입대금을 지불하는 지불기관으로서는 수입업자의 국내 외국환거래은행과 카드회사가 있다. 일반적으로 카드회사가 소비자의 카드사용 내역정보를 가지게 되므로 과세대상 여부에 대한 정보를 손쉽게 파악할 수 있을 것이므로 관세 징수 편의상 관세의 신고와 납부는 카드사에서 하는 것이 현실적인 방안이라 생각된다. 그러나 해당 전자 전송물품에 관세율을 적용시키는 문제가 남아 있다.

관세율의 결정은 전자 전송물의 품목분류 문제와 직결되는 것으로 국제기구에서 주요 쟁점사항으로 논의되고 있으나 현재로서는 결정된 것이 없다. 만약 현재 다른 대안이 없다면 근본적으로 동일한 물품이 운송상의 상이함에 따라 발생하는 문제이므로 해당 전자 전송물을 동종물품으로 간주하여 현행 관세율을 적용시키는 방안이 하나의 방법일 수 있을 것이다. 또 다른 대안으로는 일률적으로 동일 관세를 부과하는 방법과 품목별 관세율을 차등 적용하는 방법을 검토할 수 있을 것이다.

특히 이 방법은 전자상거래로 인하여 새로 형성된 물품의 국제거래 시에 고려되어 질 수 있는 방법일 것이다.

부연하면 현실적으로 외국의 수출자가 관세부과를 위한 상세한 상품정보를 제공하게 하는 강제적인 수단이 없기 때문에 관세율을 상품의 성격에 따라 차등 적용하는 방법은 높은 비용이 수반될 수 있다. 카드회사에서 물품정보를 상세히 알기 위해서는 수입자에게 문의하여야 하는데 수입자가 정확한 정보를 제공하지 않을 수 있으며 설령 정확한 정보를 제공한다 해도 이러한 과정에서 과다한 비용이 수반된다. 또한 수집된 정보를 세관과 협의하여 관세율을 결정하여야 하는데 이 또한 많은 시간과 카드회사나 세관의 행정력 소모를 초래하게 된다. 따라서 관세율을 일정기준에 의해서 일률적으로 부과하는 것이 현실적 방안으로 생각되나 동일한 물품의 국제 전자상거래 시에는 또 다른 관세부과 형평상의 문제를 야기할 수 있는 문제점을 내포하고 있다 할 것이다.

(2) 수입자의 거래은행과 세관 간의 연계방안

전자 전송물의 수입업자가 국내 수입자의 거래은행의 계좌이체로 인터넷 전자상거래의 대금을 지불하는 경우 국내 소비자은행에서 외국환 송금의 절차를 거치게 될 것이다.

〈그림 5-2〉 수입자의 거래은행과 세관 간의 연계방안

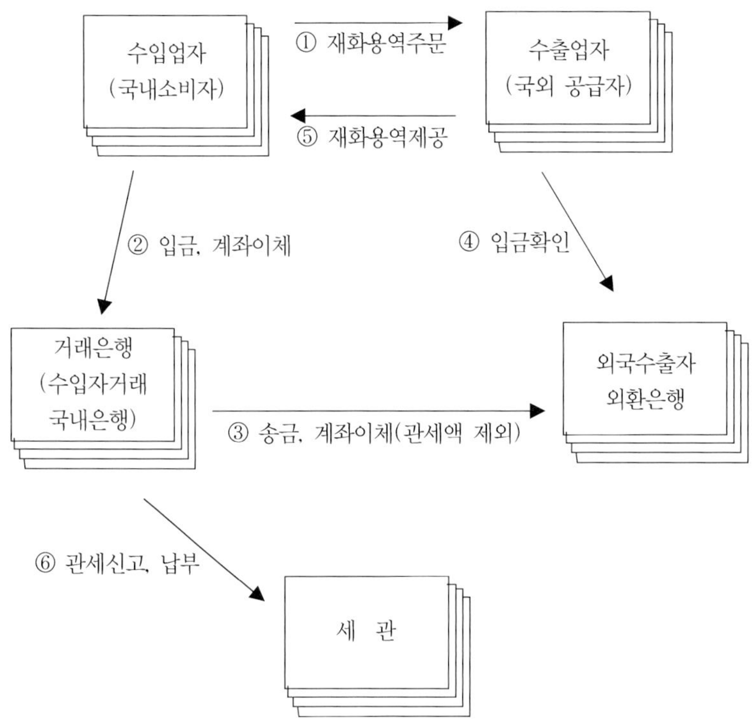

이때 국내 수입자의 거래은행에서 관세를 징수하여 세관에 납부하는 방안을 생각해 볼 수 있다. 이러한 관세부과 방법에 대한 절차를 살펴보면 다음과 같다.

① 국내 수입자는 재화 및 용역을 주문하고 대금은 국내 수입자 거래외환은행을 통하여 외국에 있는 수출자 거래은행에 송금 또는 계좌이체 한다. 이때 국내 수입자 거래환은행은 관세대상 여부를 국내 수입자로부터 파악하여 상품대금과 관세액을 함께 청구하여 수입대금 만큼은 외국의 수출자 앞으로 계좌이체하고 나머지 관세액은 세관으로 신고한다.

② 외국의 수출자는 전송물품 대금의 입금을 확인하고, 재화 및 용역
   을 제공한다.
③ 국내 수입자 거래은행은 국내 수입자로부터 징수한 관세를 세관
   에 납부한다.

세관에서는 사후관리를 통하여 외국에 송금된 자료를 표본조사 하여 관세납부에 대한 정보제공의 성실성을 파악하게 함으로써 수입자가 관세 포탈할 가능성을 줄일 수 있게 될 것이다.

본 연구에서 제시한 상기의 두 가지 관세부과 방안들은 개략적인 부과모델의 틀(framework)에 관한 것이다. 물론 이러한 관세부과 방식은 많은 문제점을 내포하고 있으며, 시스템적으로 실제 적용상의 타당성이 면밀하게 검토되지 못한 내용이다. 더욱이 향후 전자상거래를 주도할 기업 대 소비자 간의 국제 전자상거래에 있어서는 과세근거 포착 및 과세부과 원칙, 제안모델의 적용에 있어 더욱 어려움에 직면할 것이다.

그러나 현재까지 기술적·제도적 측면 및 검토의 불필요성으로 관세부과 방안이 제시되지 못한 점을 지적하고, 적용 가능한 몇 가지 원칙을 제시하는 데 그 의의가 있다할 것이다. 무엇보다 이후 연구에 있어서는 관세를 부과함에 있어 세부 기술적인 문제가 종합적으로 고려되는 체계적 연구와 검토가 있어야 할 것으로 생각되며, 추후 국제적 추이를 살펴 심도 있게 논의되어져야 할 것이다.

제3절 전자 전송물의 관세부과와 국내 무역법규의 검토와 조화

전자상거래에 의한 전자 전송물의 국제거래에 관세를 부과한다면 이에 대한 관련 법규의 검토를 통해 조화를 이룰 수 있도록 해야 할 것이다. 현행 우리나라 대외무역관리의 기본법규는 대외무역법, 관세법, 외국환거래법이다.

대외무역법은 대외무역의 일반법이며, 대외무역을 총괄하는 기본법이다. 또한 관세법은 국민경제의 발전과 관세수입의 확보를 목적으로 관세의 부과·징수 및 수출입물품의 통관을 적정하게 하는 조세법적 성격과 통관법으로서의 기능을 가지고 있는 법이다. 그리고 외국환거래법은 수출입 물품 대금의 결제통화와 대외지급수단 즉 결제방법 등을 규정하고 있는 법을 말한다.

이와 관련하여 전자상거래의 국제거래에 있어 관세부과와 관련된 중요한 문제는 수입의 정의, 품목분류 문제, 관세평가 즉 관세율 문제로 축약할 수 있다. 즉 전자상거래에 의한 전자 전송물이 재화라고 간주되어야 그 결과로 관세가 부과될 수 있을 것이며, 또한 전송(transmission)이 명백하게 수입으로 정의되어져야 하는 문제이다. 그리고 수출입품목 분류 방법 및 구분에 있어서도 문제가 발생한다. 현재 우리나라를 비롯하여 대다수의 국가가 채택하여 시행하고 있는 품목분류 방식은 조화제도(HS: International Convention on the Harmonized Commodity Description and Coding system)이다.[160) HS 품목분류표 상에는 전자상

---

160) 조화제도는 1973년 개발을 선언한 후 1983년 6월 정식으로 국제협약을 채택하였다. 이 협약에 따라 자국의 관세율표와 통계품목표를 일치시킬 의무를 부과 받고 있으며, 우리나라를 비롯한 대다수의 국가가 이 제도를 채택하고 있다. 수출입 되는 상품에 관세를 부과하기 위해 사용되는 관세율표

거래가 품목분류로 되어 있지 않은 문제가 있으며, 이로 인하여 관세율 부과 문제도 발생시키게 된다.

따라서 본 절에서는 상기에 제시한 문제들을 바탕으로 관세부과로 인하여 검토되어져할 국내법규 중에서 관세법을 중심으로 하여 고찰하고, 대외무역을 총괄하는 대외무역법에 관하여서도 살펴볼 것이다.[161]

1. 관세법의 검토와 조화

관세법은 외국에서 수입되고, 외국으로 수출되는 물품에 대하여 관세선의 통과를 규제하는 법으로 관세행정의 기초가 되는 법이다. 관세법은 제1조[162]에서 관세율정책과 관세제도의 기능을 통한 국민경제의 발전과 국가재정수입 확보를 목적으로 하고 있다.

또한 관세는 다른 조세 및 기타 공과금과 채권에 우선하여 징수되므로 관세의 우선순위는 국세기본법에 의한 국세와 동일한 순위에 놓여 있으며,[163] 수입물품에 대하여 세관장이 부과·징수하는 내국세보다 우

는 국제협약에 의한 HS 품목분류표를 사용하도록 되어 있으며, 이 HS 품목분류표는 국제적으로 통일된 상품분류표로서 관세·통계·보험 및 운송 등 모든 분야에 사용되고 있다. HS분류는 21거래부(section)에 97개의 류(chapter)를 두고 1,241개의 호(heading)로 분류되어 있으며, HS는 6단위 이하로 더 세분하여 사용할 수 있으나 관세율표와 통계품목상의 6단위까지는 첨가 또 는 감축 등의 변경을 하지 않고 그대로 사용하여야 한다.

161) 본 연구에서 제시하고 있는 대외지급수단은 현행 결제방법으로 사용되고 있는바 외국환거래법의 검토는 제외하였다.

162) 관세법 제1조(목적) 이 법은 관세의 부과·징수 및 수출입물품의 통관을 적정하게 하여 국민경제의 발전에 기여하고 관세수입의 확보를 기함을 목적으로 한다.

163) 관세법 제3조 (관세징수의 우선) ① 관세를 납부하여야 하는 물품에 대하

선하여 적용되고 있다.[164]

〈표 5-5〉 우리나라의 조세체계(국세)

국 세	내 국 세	직 접 세	· 소득세(소득세법)	
			· 법인세(법인세법)	
			· 상속세(상속세 및 증여세법)	
			· 증여세(상속세 및 증여세법)	
			· 자산재평가세(자산재평가법)	
			· 부당이득세(부당이득세법)	
		간 접 세	일반소비세	· 부가가치세(부가가치세법)
			개별소비세	· 특별소비세(특별소비세법)
				· 주세(주세법)
			유통세	· 인지세(인지세법)
				· 증권거래세(증권거래세법)
	관　세		· 관세(관세법)	
	목적세		· 교육세(교육세법)	
			· 교통세(교통세법)	
			· 농어촌특별세(농어촌특별세법)	
	※간접세(개별소비세) 중 전화세(전화세법) 2001. 9. 1 폐지			

자료: http://www.nts.go.kr에서 연구자 정리·작성.

여는 다른 조세 기타 공과금과 채권에 우선하여 그 관세를 징수한다. ②
국세징수의 예에 의하여 관세를 징수하는 경우 체납처분의 대상이 당해
관세를 납부하여야 하는 물품이 아닌 재산인 때에는 관세의 우선순위는
국세기본법에 의한 국세와 동일한 순위로 한다.

164) 관세법 제4조(내국세 등의 부과·징수) ① 수입물품에 대하여 세관장이
부과·징수하는 부가가치세·특별소비세·주세·교육세·교통세 및 농어
촌특별세(이하 "내국세 등"이라 하되, 내국세 등의 가산금·가산세 및 체
납처분비를 포함한다)의 부과·징수·환급·결손처분 등에 관하여 국세
기본법·국세징수법·부가가치세법·특별소비세법·주세법·교육세법·
교통세법 및 농어촌특별세법의 규정과 이 법의 규정이 상충되는 때에는
이 법의 규정을 우선하여 적용한다.

〈표 5-6〉 우리나라 조세수입에서 차지하는 관세수입 비중

(단위: %, 억 원)

연 도	1993	1994	1995	1996	1997	1998	1999	2000	2001	2002
비 중	8.1	8.1	9.2	9.3	9.5	6.5	7.2	7.0	7.8	7.7
금 액	28,860	34,489	46,332	53,095	57,976	38,360	46,873	48,282	67,320	72,530

자료: http://www.nts.go.kr에서 연구자 정리·작성.

온라인 전자 전송물에 대해 관세를 부과 시 우선적 고려사항은 수입과 통관에 관한 문제일 것이다. 이에 따라 관세의 과세체계, 즉 관세부과 대상에 관하여 살펴볼 필요성이 있다.

관세는 주로 관세선을 통과하는 수입물품에 부과하고, 수입이라 함은 외국으로부터 우리나라에 도착된 물품 등을 우리나라가 인취하는 것을 의미하므로 온라인 전자거래는 관세선을 통과하지 아니하면서도 수입되는 효과가 있는 거래라 할 수 있다.

현행 관세법상 수입이라 함은 외국의 선박 등에 의해 공해에서 채집 또는 포획된 수산물 등을 포함하여 외국으로부터 우리나라에 도착한 물품으로써 수입되어 신고가 완료되기 전의 것과 우리 상품으로써 수출신고가 행하여진 물품[165]이 우리나라에 반입되거나 우리나라에서 소비 또는 사용되는 것을 말한다.[166]

현재 온라인 컨텐츠거래가 재화의 공급인지 용역의 공급인지 분명하지 않고, 아직 정확히 정의 내려진 바 없어 과세원칙에 혼란을 야기시키고 있으며, 이 문제에 관해 국제사회에서 계속 논의 중에 있다.

그러나 근본적으로 동일한 내용의 상품이 디스켓 등의 형태로 수입되는 경우 관세가 과세된다면 디지털화하여 온라인으로 전송되는 경우

---

165) 관세법 제2조 3호.
166) 관세법 제2조 1호.

에도 관세가 부과되어야 함을 전제로 할 때 관세법상의 수입의 정의 및 수입물품, 즉 관세법 제2조에 이에 관한 내용이 언급되어져야 할 것으로 생각된다.

이와 더불어 연계되는 문제가 통관에 관한 것이다. 관세를 부과하기 위해서는 반드시 통관이라는 절차를 거쳐야 한다. 통관절차를 거치지 않고 온라인으로 제공되는 전자 전송물은 현실적으로 관세부과 대상이 되지 않고 있다. 그러나 관세법 제254조 전자상거래물품 등의 특별통관167) 조항을 적용할 수 있을 것이며, 관계행정기관과 협의를 통하여 필요한 사항을 보완한다면 전자상거래에 의한 전자 전송물의 통관의 문제는 해결될 수 있을 것으로 생각된다.

그러나 해당 전자 전송물에 관세율을 적용시키는 문제가 남아 있는데, 관세율의 결정은 전자 전송물의 품목분류 문제와 직결되는 것으로 주요 국제기구에서 쟁점사항으로 논의되고 있으나 현재로서는 해결점이 없는 실정이다.

상기의 관세부과 제안모델에서 언급하였듯이 만약 현재 다른 대안이 없다면 근본적으로 동일한 물품이 운송상의 상이함에 따라 발생하는 문제이므로 해당 전자 전송물을 동종물품으로 간주하여 현행 관세율을 적용시키는 방안을 검토할 수 있을 것이다. 또 다른 대안으로는 일률적으로 동일 관세를 부과하는 방법과 품목별 관세율을 차등 적용하는 방법을 검토할 수 있을 것이며, 특히 이 방법은 전자상거래로 인하여 새롭게 형성된 물품의 국제거래 시에 고려되어 질 수 있는 방법일 것이다.

현실적으로 외국의 수출자가 관세부과를 위한 상세한 상품정보를 제공하게 하는 강제적인 수단이 없기 때문에 관세율을 상품의 성격에 따

---

167) 관세법 제254조(전자상거래물품 등의 특별통관) 관세청장은 전자문서로 거래되는 수출입물품에 대하여 대통령령이 정하는 바에 의하여 수출입신고·물품검사 등 기타 통관에 필요한 사항을 따로 정할 수 있다.

라 차등 적용하는 방법은 높은 비용이 수반될 수 있다. 카드회사에서 물품정보를 상세히 알기 위해서는 수입자에게 문의하여야 하는데 수입자가 정확한 정보를 제공하지 않을 수 있으며, 설령 정확한 정보를 제공한다 해도 이러한 과정에서 과다한 비용이 수반된다. 또한 수집된 정보를 세관과 협의하여 관세율을 결정하여야 하는데 이 또한 많은 시간과 카드회사나 세관의 행정력 소모를 초래하게 된다. 따라서 관세율을 일정기준에 의해서 일률적으로 부과하는 것이 현실적 방안으로 고려되어 질 수 있을 것이다.

그리고 수출입품목 분류 방법 및 구분에 있어서는 현재 우리나라를 비롯하여 대다수의 국가가 채택하여 시행하고 있는 품목분류 방식은 조화제도(HS)로서 HS 품목분류표 상에는 전자 전송물이 품목분류로 되어 있지 않다. 이에 대한 방안을 제시하면 현재 HS에서는 97개류 중 제77류를 유보하여 96개의 류이며, 이 중 제77류는 신상품이 나오면 사용하기 위해 공란(Blank)으로 두고 있고, HS의 모체라 할 수 있는 과거 CCCN에서 유보하였던 제98류, 제99류의 신설을 통해 이를 활용하여 전자 전송물을 상품으로 분류하는 방안을 생각해 볼 수 있을 것이다.

한편 관세부과 제안모델로 제시한 신용카드사나 외국환거래은행을 통한 관세부과 방안은 이들 기관이 지불중개기관 역할을 수행하여 관세를 납부하는 지불기관 대리납부제의 성격을 가지고 있으므로 이에 대한 검토가 필요할 것이다.

즉 제5장 제2절에서 제시한 관세부과 제안모델은 관세를 지불기관을 통해 대리납부하는 방법이라 할 수 있다. 일반적으로 담세자[168]는 재화

---

168) 부과된 세금을 실질적으로 자기의 소득 또는 재산에서 부담하는 자를 말하며, 납세의무자와 실제로 조세를 부담하는 담세자가 항상 일치하는 것은 아니다. 일반적으로 직접세의 경우에는 담세자와 납세자는 동일하나 간접세의 경우, 법률은 판매자를 납세의무자로 정할 수 있지만, 담세자는

와 용역을 공급받는 자이고, 신고 납부를 해야 하는 납세의무자[169]는
재화와 용역을 공급하는 공급자라 할 수 있다. 전자상거래에 있어서의
외국환거래은행이나 신용카드사는 담세자도 아니고 재화와 용역을 공
급하는 공급자도 아닌 제3자로서 대리징수 의무자[170]가 되어 관세를
납부하는 자가 될 것이다. 이러한 대리징수의무자의 관세법상 지위를
어떻게 할 것인가가 검토되어져야 할 것이다.

현행 관세법 제19조에 의하면 납세의무자는 수입신고한 물품에 대하
여 그 물품을 수입한 화주가 원칙적으로 관세납부의무자가 되는 원칙
적 납세의무자[171], 물품의 위탁자나 상업서류에 기재된 하수인 또는 양
수인이 납세의무자가 되는 연대납세의무자,[172] 특별납세의무자,[173] 관

소비자이기 때문에 담세자로 정할 수 없다.

169) 조세납부의 의무를 지는 자를 납세주체라 하며, 일반적으로 납세자 또는
납세의무자라고 한다. 여기에는 개인과 법인이 있다. 납세의무자는 조세
법률관계에 있어 일방의 당사자로서 조세채무를 부담하는 자, 즉 납세의
무의 주체를 말하고 이를 조세채무자라고 한다. 앞서 설명한 바와 같이
납세의무자는 경제적인 측면에서 조세를 부담하는 담세자는 다른 것으로
납세의무자와 담세자는 일치하는 경우가 많으나 간접세에 있어서는 경우
에 따라 징세의 편의 등에 의해 납세의무자와 실제 조세를 부담하는 담
세자와 다른 경우도 있다.

170) 대리납부관계의 본질은 조세징수절차이므로 가장 중심이 되는 자는 대리
징수의무자이다. 그러나 대리징수의무자는 그의 의사와는 관계없이 제3자
의 지위임에도 불구하고법률의 규정에 의해서 대리징수의무를 부담하게
된다. 이러한 지위에서 한편으로는 세무관청과 관계를 맺고, 다른 한편으
로는 납세의무자 및 소비자와 관련된다. 즉 세무관청과 징수의무자 간의
공법상 법률관계와 납세의무자 및 소비자와의 민사법률관계에 의하여 법
률관계가 형성된다. 따라서 대리징수의무자를 어떻게 보느냐에 따라 세무
관청과의 지위 및 납세의무자와의 지위 등의 권리의무관계가 달라 질 수
있으므로 이에 관한 조세법적 학설에 대한 검토가 필요할 것이다.

171) 관세법 제19조 제1항 1호.

172) 관세법 제19조 제1항 1호의 단서조항에 해당하는 자로 수입을 위탁받아
수입업체가 대행 수입한 물품일 때에는 그 물품의 수입을 위탁한 자, 수
입을 위탁받아 수입업체가 대행 수입한 물품이 아니 때에는 대통령령이

세의 납부를 보증한 자가 관세 납부의 의무를 지는 납세보증자,[174] 제2
차 납세의무자[175] 등으로 규정하고 있다. 따라서 관세를 대리 납부하는
외국환거래은행이나 신용카드사는 관세법 19조에 규정하고 있는 특별
납세의무자[176]나 납세보증자로 규정하는 문제를 검토해 볼 수 있을 것
이다. 즉 대리납부기관은 담세자도 납세의무자도 아니나 관세징수 의무
를 부여받은 위임징수기관으로서의 특별납세의무자나 관세의 납부를
보증하는 납세보증자로 생각해 볼 수 있을 것이다.

2. 대외무역법의 검토와 조화

대외무역법[177]은 우리나라 대외무역거래의 전반을 기본적으로 관리하

정하는 상업서류에 기재된 하수인, 수입물품을 수입신고 전에 양도한 때
에는 그 양수인이 연대납세의무자가 된다.

173) 관세법 제19조 제1항 2호 내지 12호에 해당하는 자로 수입되는 물품은
일반적으로 수입신고를 하는 통관절차를 거치나 물품에 따라서는 수입신
고 없이 사실상 수입되는 경우가 있는데 이 같은 경우의 납세의무자를
특별납세의무자라고 한다.

174) 관세법 제19조 제3항에 규정된 자로 관세법 또는 다른 법령이나 조약, 협
약 등의 규정에 의하여 관세의 납부를 보증하는 자를 말한다. 납세보증
자는 보증액의 범위 안에서 납세의무를 진다.

175) 관세법 제19조 제4항 내지 5항은 국세기본법 제38조 내지 41조의 규정은
관세의 징수에 관하여 이를 준용한다는 조항으로 국세기본법상의 제2차
납세의무자가 관세의 납부의무를 지도록 하는 것으로 관세법에서의 제2
차 납세의무자의 종류는 청산인 등의 제2차 납세의무(국세기본법 제38
조), 출자자의 제2차 납세의무(국세기본법 제39조), 법인의 제2차 납세의
무(국세기본법 제40조), 사업양수인의 제2차 납세의무(국세 기본법 제41
조)에 해당하는 자를 말한다.

176) 특히 관세법 제19조 제1항 11호에 규정된 '이 법 또는 다른 법률의 규정
에 의하여 따로 납세의무자로 규정된 자'를 말한다.

177) 관세법이 수출입 통관 및 제세 부과와 징수의 요건 및 절차 등을 규정한
법이라면, 대외무역법은 무역 전반에 걸쳐 사람과 물품에 대한 관리를

고 조정하기 위한 일반법이며 기본법이다. 따라서 대외무역거래를 관리하는 대외무역법은 우리나라의 무역정책과 밀접한 관련을 가지고 있으며, 이러한 무역정책은 경제정책 중에서 가장 중요한 비중을 차지하고 있다

현행 대외무역법은 정보통신기술의 발달로 전자무역거래규모가 급증함에 따라 전자무역을 체계적으로 지원 및 육성 할 수 있도록 규범을 정비하여 왔고, 국제전자상거래 환경에 부합하도록 관련 규범을 개정시켜 왔다.

대외무역법에서는 물품의 수출·수입과 같이 정보통신망을 통하여 거래되는 소프트웨어 등 전자적 형태의 무체물 수출·수입도 대외무역법에 의한 수출·수입의 범위에 포함하고 물품과 전자적 형태의 무체물을 포함하여 물품이라 정의하고 있다.[178]

또한 전자형태의 무체물[179]이란 물품의 형태를 갖추고 있지 않는 것으로서 소프트웨어산업진흥법 제2조 제1호[180] 규정에 의한 소프트웨어와 영화·게임·애니메이션·만화·캐릭터 등의 영상물, 음향·음성물, 전자서적, 데이터베이스[181]라 규정하고 수출입의 범주에 포함시키고 있

규정한 법이라 할 수 있다.
178) 대외무역법 제2조.
179) 대외무역법시행령 제2조의 2(전자적 형태의 무체물)법 제2조 제1호에서 "대통령령이 정하는 전자적 형태의 무체물"이라 함은 다음 각 호의 1에 해당하는 것을 말한다.
1. 소프트웨어산업진흥법 제2조 제1호의 규정에 의한 소프트웨어.
2. 부호·문자·음성·음향·이미지·영상 등을 디지털방식으로 제작하거나 처리한 자료 또는 정보 등으로서 산업자원부장관이 정하여 고시하는 것.
3. 제1호 및 제2호의 집합체 기타 이와 유사한 전자적 형태의 무체물로서 산업자원부장관이 정하여 고시하는 것.
180) 소프트웨어산업진흥법 제2조 제1호 "소프트웨어"라 함은 컴퓨터·통신·자동화 등의 장비와 그 주변장치에 대하여 명령·제어·입력·처리·저장·출력·상호작용이 가능하도록 하게 하는 지시·명령(음성이나 영상정보 등을 포함한다)의 집합과 이를 작성하기 위하여 사용된 기술서 기타 관련 자료를 말한다.

어 조화를 이루고 있으므로 무역의 정의에 대한 검토는 크게 문제가 없을 것이라 생각된다.

또한 국내에서 거주자와 비거주자 간에 물품을 인도·인수하는 것은 주권이 미치는 영역 내에서의 물품이동이므로 대외무역법에 의한 수출입의 범위에 포함되지 않는다.

그러나 국내에서 국내서버 등의 정보통신망을 통하여 전자적 형태의 무체물을 외국환거래법에 의한 거주자[182]와 비거주자[183] 간에 인도·인수하는 것은 대외무역법에 의한 수출입의 범위에 포함되고 있으며, 정보통신망을 통하지 않고 국내거주자가 비거주자에게 소프트웨어 프로그램 등을 인도할 목적으로 노트북컴퓨터 등에 내장한 채 휴대 반출하는 경우에도 동 소프트웨어는 수출입의 범위에 포함시키고 있어[184] 수입의 범위에 대한 검토도 크게 문제가 없을 것이다.

나아가 대외무역법에서 전자적 형태의 무체물을 수출입의 범위에 포함한 목적은 물품의 수출입과 동일하게 제도적인 지원을 받도록 하여 전자무역을 활성화시키는 데 의의를 두고 있고, 전자무역 수출입실적 확인업무를 수행할 수 있는 기술능력을 갖춘 한국무역협회와 한국소프트웨어산업협회에서 수출입확인을 하도록 위탁 규정하고 있으며, 이에 대한 수출입실적을 인정해[185] 주고 있으므로 대외무역법에 있어서는 현재의 규범을 적용시켜도 될 것이다.

---

181) 대외무역법관리규정 제1-0-2조의 3.
182) 외국환거래법 제3조 제1항 12호 "거주자"라 함은 대한민국 안에 주소 또는 는 거소를 둔 개인과 대한민국 안에 주된 사무소를 둔 법인을 말한다.
183) 외국환거래법 제3조 제1항 13호 "비거주자"라 함은 거주자 외의 개인 및 법인을 말한다. 다만, 비거주자의 대한민국 안의 지점·출장소 기타의 사무소는 법률상 대리권의 유무에 불구하고 거주자로 본다.
184) 대외무역법시행령 제2조 제3호 내지 4호 및 대외무역법관리규정 제1-0-2조의 2.
185) 대외무역법시행령 제31조의 2 제1항 내지 2항 및 대외무역법관리규정 제3-5-2조, 제3-6-4조, 제3-6-6조.

제6장 결 론

　본 연구는 전자 전송물의 확산과 교역증대에 따라 야기된 관세부과 문제를 주제로 선정하여 현재까지 관세부과 방안에 대한 고찰이 없음을 인식하여 전자 전송물의 국제 전자상거래에 대한 합리적인 관세부과 방안을 모색해 보는 데 있다.

　국제사회의 논의 동향을 살펴 볼 때 국제무역질서의 축을 형성하고 있는 세계무역기구를 비롯한 국제기구들은 전자상거래라는 새로운 존재를 기존 질서 아래 수용할 수 있는지 아니면 새로운 질서와 규범을 만들어야 하는지를 놓고 논란을 거듭하고 있다.

　즉 기존 WTO체제와 새로운 전자상거래체제는 상당기간 공존하며 끊임없는 갈등을 일으킬 것으로 전망되고 있어 두 체제가 언제까지 공존하게 될지, 한쪽을 흡수해 하나로 통합될지, 아니면 새로운 체제를 만들어낼지는 아직 미지수에 있다. 일각에서는 전자상거래의 대두로 국제교역질서를 WTO의 상품과 서비스 교역체제가 아닌 새로운 디지털 교역체제로 전환해야 한다는 의견도 제시되고 있다.

　현재 국제거래는 정보통신의 발달과 네트워크의 보급에 따라 기존의 경제활동 방법과 거래수단, 거래대상 및 범위가 변화되어 가고 있다. 급속히 증가하고 있는 전자상거래는 인터넷을 통하여 국제간의 상거래를 아무런 제약 없이 쉽게 할 수 있게 하여 주었고, 다양한 전자상거래 방식의 발달에 따라 국가 간의 국경이 무의미해 졌다고 말할 수 있다.

　그러나 이러한 전자상거래의 급속한 발달은 여러 측면에서 새로운 문제를 야기하였으며 그중 하나가 관세부과 문제이다. 즉 기존의 상거래에서 관세부과 대상이던 재화가 디지털 변환이 가능하여 인터넷 등의 전자매체를 통한 주문이 이루어지고 있고 전자 전송물이 소비자에게 전달되는 경우 과세가 누락되어 과세차별의 문제를 발생시키고 있다. 또한 인터넷을 통한 상품주문이 늘어날 경우 기존매체를 통한 거래를 전자상거래가 급속히 대체할 가능성이 높아 관세수입이 줄어들 수 있다는 문제점이 야기되었다.

그러나 전자상거래를 주도하고 있는 미국은 관세부과에 대하여 부정적인 의견을 제시하고 나아가 무관세지역화를 주장하고 있다. 이러한 미국의 입장은 관세부과가 전자상거래 시장을 축소·왜곡시킨다는 것이며, 이면에는 인터넷을 통한 전자상거래 교역이 급증함에 따라 각국 정부 또는 지방정부가 이를 좋은 세원으로 보고 새로이 관세를 부과하려는 움직임을 사전에 차단하고, 무관세원칙에 대한 국제적 합의를 이끌어 냄으로써 전자상거래 시장의 패권을 더욱 견고히 하자는 의도를 내포하고 있다.

반면 전자상거래 수입국 입장인 인도, 파키스탄, 페루, 멕시코, 아르헨티나 자메이카 등의 개도국들은 미국의 무관세에 대하여 반대입장에 있다. 중국의 경우도 전자상거래 육성보다 세금확보가 더 중요하기 때문에 인터넷 전자상거래에 과세할 방침을 보이고 있다. 또한 유럽연합은 세계 유일의 강대국이자 전자상거래를 주도하고 있는 미국이 WTO를 통해 디지털콘텐츠에 대해 무관세화를 주장하자 일정기간 동안의 관세부과 유예에는 동의하면서도 무역역조를 우려 이를 영구화하는 데는 분명한 입장을 보이고 있지 않다.

현재 전자상거래를 통한 국제거래에 WTO의 잠정적 무관세 제의에 동의하여 이를 유지하고 있는 상황이나 관세부과 여부 및 무관세지역화 문제는 세계 각국의 핵심쟁점으로 치열한 공방전이 예상되어지고 있다. 그러므로 우리나라는 무관세 정책을 계속 지지할 것인지에 대해서 국제적 논의 동향을 면밀히 검토하여 우리의 입장을 체계적으로 정리할 필요성이 있다.

나아가 국제규범과의 조화를 전제로 하여 관세를 부과하지 않을 경우 및 관세를 부과할 경우에 대한 경제적·기술적·제도적 방안이 심도 있게 논의되어져야할 필요성이 있을 것이다.

따라서 본 연구는 국제 전자상거래의 자유무역 저해와 관세당국의 세수기반 확보를 통한 재정수입 증대 및 해당 산업의 국내 경쟁력 확보와 보호를 통해 자국의 이익을 실현하기 위한 것이 아니라 무관세화로 인한 충격완화와 불확실성에 대한 예방 및 대비책의 방안을 모색하는 것이다.

또한 세계무역기구나 세계관세기구 및 기타 이해집단과의 협의하에 관세부과의 방향과 이에 따른 관세행정 및 제도가 원활하게 구축·운영될 수 있도록 노력해야함을 전제로 하여 전자 전송물의 국제 전자상거래가 확산되면서 예상되는 관세문제를 진단하고 그에 대한 방법을 모색하는 데 있으며, 또한 전자매체를 통하여 국제간에 이루어지는 전자상거래에 대하여 무역량을 현저히 줄이지 않는 범위 내에서 관세를 부과할 수 있는 방안을 제시하는 데 있다.

이러한 관점에서 본 연구는 디지털화되어 물품이 전송되어지면 반드시 그에 대한 반대급부인 대금결제가 있을 것이라는 데서 출발하였다. 따라서 인터넷을 통한 전자상거래에 관세를 부과하기 위해 거래대금의 결제과정을 추적하여 과세하는 것이 하나의 방안일 것이며, 현재의 주된 대금지급결제수단을 중심으로 하여 이에 대한 모델 설정을 통한 관세부과 방안을 모색해 보는 데 목적이 있었다.

우선 전자 전송물의 국제거래에 있어 관세부과에 따른 문제점과 관련 국내법규의 검토 내용을 제시하면 다음과 같다. 관세부과에 따른 문

186

제점은 수입의 정의, 품목분류 문제, 관세평가 즉 관세율 문제이다.

첫째, 전자상거래에 의한 전자 전송물이 재화라고 간주되어야 하는 문제와 전송(transmission)이 명백하게 수입으로 정의되어져야 하는 문제로서 그 결과에 의하여 관세가 부과되어 질 수 있기 때문이다.

근본적으로 동일한 내용의 상품이 디스켓 등의 형태로 수입되는 경우 관세가 부과된다면 디지털화하여 온라인으로 전송되는 경우에도 관세가 부과되어야 함을 전제로 할 때 관세법 제2조 수입의 정의 및 수입물품에 관해 수정이 가해져야 할 것이다. 이와 더불어 관세법 제254조 전자상거래 물품 등의 특별통관 조항의 적용과 관계행정기관의 협의를 통해 필요한 사항을 보완한다면 전자상거래에 대한 통관의 문제는 해결될 수 있을 것이다.

둘째, 수출입품목 분류 방법 및 구분에 있어서도 문제가 발생한다. 현재 우리나라를 비롯하여 대다수의 국가가 채택하여 시행하고 있는 품목분류 방식은 조화제도(HS)이다. HS 품목분류표 상에는 전자 전송물이 품목분류로 되어 있지 않은 문제가 있다. 이에 대한 방안을 제시하면 현재 HS에서는 97개류 중 제77류를 유보하여 96개의 유이며, 이 중 제77류는 신상품이 나오면 사용하기 위해 공란(Blank)으로 두고 있고, HS의 모체라 할 수 있는 과거 CCCN에서 유보하였던 제98류, 제99류의 신설을 통해 이를 활용하여 전자 전송물을 상품으로 분류하는 방안을 생각해 볼 수 있을 것이다.

셋째, 관세율 부과 문제이다. 관세율의 결정은 전자상거래 물품의 품목분류 문제와 직결되는 것으로 국제기구에서 주요 쟁점사항으로 논의되고 있는 실정인데 현재로서는 해결점이 없다. 만약 현재 다른 대안이 없다면 근본적으로 동일한 물품이 운송상의 상이함에 따라 발생하는 문제이므로 동종물품으로 간주하여 현행 관세율을 적용시키는 방안을 검토할 수 있을 것이다.

또 다른 대안으로는 일률적으로 동일 관세를 부과하는 방법과 품목별 관세율을 차등 적용하는 방법을 검토할 수 있을 것이다. 특히 이 방법은 전자상거래로 인하여 새로이 형성된 물품의 국제거래 시에 고려되어 질 수 있는 방법일 것이다.

아울러 관세부과 방안으로 제시한 모델은 지불기관을 이용한 대리납부제도이므로 이에 대한 검토가 필요하다할 것이다. 대안으로서는 관세법 제19조에서 규정하고 있는 특별납세의무자나 납세보증자로 규정하는 방안을 제시할 수 있다.

본 연구에서 제시한 관세부과 모델을 살펴보면, 우선 첫 번째 방안으로서 제시한 부과 방안은 신용카드 결제 시의 방안으로 해당 카드사가 이를 관세청에 거래사실을 통보하여 관세를 부과하게 하는 방안이었다. 두 번째 방안으로서는 송금이나 계좌이체 등을 통한 대금결제 사용 시 외국환은행을 통하여 대금결제가 이루어지므로 해당 외국환은행이 거래사실을 관세청에 통보함으로써 관세를 부과하는 방안이었다.

본 연구는 현재 실제적인 부과방안을 제시한 연구는 없는 실정에서 현실적인 관세부과 모델을 제시한 논문이라는 점에서 그 의의를 찾을 수 있을 것이다. 그러나 본 연구에서 제시되어진 방안은 합리적으로 체계를 갖추지 못한 단순한 부과방안 제안모델에 불과하며, 이에 따른 업무의 부하나 행정 및 절차 등의 제반 여러 가지 문제가 발생할 것이다.

인터넷 등의 전자매체를 통한 전자상거래는 앞으로도 계속 발전해 나갈 것이며, 이에 따른 결제에 있어서도 다양해지고 복잡해질 것이며, 전자결제시스템 또한 발전하고 변화되어 질 것이다.

앞으로의 연구는 이러한 전자결제시스템과 연계한 관세부과 모델이 보다 다양하고 심도 있게 다루어져야 할 것으로 생각되며, 아울러 시스템적으로 실제 적용 가능한 체계적이고 합리적인 대안들이 연구되고 검토되어져야 할 것이다.

전자 전송물에 대한 국제적인 상황과 그에 대한 우리나라의 관세체계 정비는 중요한 의미를 가지고 있다. 이러한 상황하에서 전자 전송물에 대한 관세부과가 실효성과 정당성을 발휘하기 위해서는 관세부과시스템이 기존의 전통적인 상거래하의 관세제도와 균형을 이루고, 특히 형평성과 중립성 및 투명성을 통하여 관세부과 절차가 예측가능하고 공정성이 보장되어야 전자 전송물에 대한 관세부과가 정당성을 확보할 수 있을 것이다.

나아가 제도적 요소 측면을 살펴볼 때 전자상거래에 대한 법적, 제도적 차원의 기반확충과 지원은 중요한 사항들로서 안전하고 신뢰할 수 있는 법적 기반을 구축함에 있어 현재의 관계법령들은 확대일로에 있는 전자상거래를 촉진하고 지원하는 데는 미흡하다 할 수 있다. 전자문서의 법적 효력, 전자서명 인증, 소비자 보호, 임의적 분쟁처리 절차, 지적재산권 보호, 개인정보 보호 등에 관한 법적·제도적 기반이 더욱 일관되고 체계적으로 정비되어야 할 필요성이 있다.

참고문헌

Ⅰ. 국내문헌

1. 단행본

강창남·이병진·엄광렬, 「e-Trade와 관련 법규의 이해」, 두남, 2001.

곽진욱, 「전자상거래의 과제와 그 대응방안」, 성균관대학교 대학원 석사학위논문, 1998. 5.

김석수, 「전자지불시스템의 책임성과 운영비용 분석을 위한 모델」, 숭실대 대학원 박사학위논문, 1998. 6.

김세영·허윤, 「국제무역론」, 율곡출판사, 1999.

김양수, 「전자상거래」, 삼보, 1998, p.369.

김영권, 「전자상거래 과세에 관한 연구」, 서울대학교 대학원 석사학위논문, 1999. 2.

김인구, 「전자상거래 이론과 실제」, 두남, 2000.

김정엽, 「신체제 관세법」, 두남, 2000.

김준한, 「전자지급결제시스템」, 「2001 정보통신산업동향-소프트웨어 편」, 정보통신정책연구원, 2001.

남판우, 「WTO New Round하의 전자상거래와 조세정책상 대응방안에 관한연구」, 서울대학교 행정대학원 석사학위논문, 1999. 8.

노영훈·연태훈·홍범교, 「전자상거래 관련 조세지원방향」, 한국조세연구원, 1999. 12.

도중권·라공우, 「최신대외무역법」, 두남, 2001.

문화관광부, 「문화산업백서」, 2000.

박만·엄광렬·동택영, 「전자무역을 위한 통관과 관세법」, 두남, 2001.

박윤준, 「전자상거래와 조세: OECD 논의와 그 시사점」, 월간조세, 조세통람사, 1997. 11.

백주현·천세학, 「디지털경제와 e-비즈니스」, 두남, 2001.

법무부, 「뉴라운드와 전자상거래」, 2001. 1.

산업자원부, 「인터넷 전자상거래 종합대책」, 1998.

손찬현·윤진나, 「WTO 무역원활화 논의와 전자무역-e-Trade를 중심으로」, KIEP 조사분석 01-03, 2001.

이상진·이충배, 「전자상거래 이해와 활용」, 두남, 2000.

이정기·김철권, 「조세법 총론강의」, 두남, 2001.

이학승·김경희, 「사이버무역」, 두남, 2000.

정보통신부, 「디지털 콘텐츠 산업 발전종합 계획」, 2001. 5.

정영헌·심재진 역, 「전자상거래의 조세정책적 함의」, 한국조세연구원, 1997. 4.

정재훈, 「전자상거래의 특성과 법적 문제점」, 인하대학교 대학원 석사학위논문, 1998. 2.

정찬모 외5인, 「세제정보화 및 전자상거래 세제지원방안」, 정보통신정책연구원, 정책연구 99-05, 1999. 12.

조양희, 「전자상거래의 조세법적 문제점」, 서울대학교 대학원 석사학위논문, 1999. 8.

조원길, 「전자상거래 입문」, 두남, 2001.

최낙균 외 10인, 「WTO 뉴라운드의 협상의제별 주요 쟁점 및 대응방안」, KIEP, 2001. 12.

한상렬·엄광렬, 「전자무역시대를 위한 무역관계법규」, 두남, 2001.

홍범교, 「국제규범 워킹그룹 – 전자상거래와 조세」, 한국전자거래진흥원 KIEC-009, 2002. 1.

2. 연구논문

고정민, "국내음반산업의 주요 이슈와 대응방안", 삼성경제연구소 Issue Paper, 2003. 2.

김성현·권남훈·이광훈·김준한, "인터넷기반산업으로서의 지불결제 서비스시장의 구조 및 전망", 정보통신정책연구원 연구보고 01-19, 2001. 12.

김유찬·이성봉, "OECD의 전자상거래 관련 과세제도에 대한 논의와 시사점", KIEP 정책연구, 1998. 12.

김은기, "전자화폐의 법적 문제", 한국상법학회, 「상사법연구」 제16권 제2호, 1997.

김혁·이수로, "전자상거래에 따른 조세문제 및 대응방안 검토", 한국회계학회, 「회계저널」 제7권 제1호, 1998.

박기홍·조윤애·주대영·김기홍·한병섭, "디지털 경제와 인터넷 혁명", KIEP 정책연구, 2000. 4. 12.

박노형, "전자상거래 관련 국제규범의 제정 동향과 내용 분석", 삼성경제연구소 외부전문가 기고, 2000. 12.

박형래·박영기, "인터넷 무역의 관세부과 메카니즘에 관한 연구", 한국인터넷 전자상거래학회, 「2001년 추계학술 및 정책세미나 논문집」, 2001. 10. 27.

서병조, "OECD를 통한 전자상거래 질서 정립", 주OECD대한민국대표부, 2002. 2. 18.

서희열·이강호, "전자상거래에 대한 부가가치세 과세방안에 관한 연구", 한국세무학회, 「세무학연구」, 1999. 2.

서희열·이강호·황보열, 「인터넷기반의 전자상거래 태동과 과세문제」, 한국회계학회, 「세무회계학연구」 창간호, 1998.

송선욱, "전자상거래 과세에 대한 국제적 논의 동향과 한국의 대응과제에 관한 연구", 한국관세학회, 「관세학회지」 제2권 제1호, 2001.

심상민, "문화시장 개방의 주요 이슈와 대응전략", 삼성경제연구소 Issue paper, 2002. 12.

여신금융협회, "전자화폐(Electronic Cash) 개괄", 여신금융협회 조사연구 2002-1, 2002. 7.

오웅탁·남구관, "전자상거래에 대한 무관세화의 후생효과", 한국관세학회, 「한국관세학회지」 제2권 제1호, 2001.

유창호, "국제규범 워킹그룹-OECD 전자상거래 논의 동향", 한국전자거래진흥원 KIEC-009, 2002. 1.

윤창인, "통상 관련 전자상거래 논의동향과 시사점", KIEP 정책연구, 1998. 12.

-----, "국제규범 워킹그룹-WTO의 전자 전송물 분류에 대한 논의 및 우리의대응", 한국전자거래진흥원 KIEC-009, 2002. 1.

윤창인 외 5인, "WTO 신통상의제 영향분석과 대응", KIEP 정책연구, 2000. 12.

이대복, "전자상거래 물품의 통관현황과 당면과제", 관세와 무역, 2001년 7월호.

이병학, "대외무역법규 주요 개정내용 해설", 산업자원부 무역정책과, 2001. 6.

이성봉·심상렬·왕중식, "전자무역의 최근동향과 활성화 방안", KIEP, 정책자료 01-05, 2001. 12.

이종화·이성봉, "전자상거래의 국제적 논의 동향과 대응과제", KIEP 정책연구 97-06, 1997.

정규언, "전자상거래로 인한 조세문제의 국제적 논의 동향과 우리나라의 조세 정책", 고려대학교 산업개발연구소, 「경상논집」, 제17권 제1호, 1999.

정규언·구상희·박정우, "국제 전자상거래의 효과적인 부가가치세 과세방안으로서 지불기관 대리납부제도에 관한 연구", 한국세무학회, 「1999년도 추계학술발표대회논문집」, 1999.

정규언, "인터넷 전자상거래에 대한 조세정책", 한국공인회계사회, 공인회계사 제74호, 1999. 7.

정병주, "국가 간 전자상거래 법적 쟁점 현황 및 과제", 관세와 무역, 2001년 7월호.

정완용, "법률제도 워킹그룹: 제4장 전자상거래 지급결제제도와 전자식 유가증권제도에 관한 연구", 한국전자거래진흥원, 2002.

조태식, "전자상거래의 진전과 대응과제", 한국은행 조사국, 조사연구자료 99-19, 1999. 12.

조원경, "국제규범 워킹그룹-OECD 소비자정책위원회 전자상거래 논의동향 및 향후과제", 한국전자거래진흥원 KIEC-009, 2002. 1.

최병철, "전자상거래 관련 국제규범에 관한 논의", 울산대학교, 「사회과학논집」 제11권 제1호, 2001. 6.

최석범, "전자결제상의 문제점에 관한 연구: 국제대금결제를 중심으로", 한국인터넷 전자상거래학회, 「인터넷 전자상거래 연구」, 제1권 1호, 2001. 2.

한국법제연구원, "디지털 경제시대에서의 전자거래와 법", 워크샵 2000-4, 2000. 10. 20.

한국은행, "전자상거래 지급결제수단 현황", 2001. 5.

한국전자거래진흥원 정책개발팀, "전자결제시스템의 법제도화 방안", 한국전자거래진흥원, 2000. 10. 9.

한국전자거래표준원, "전자화폐방식과 기술분석", 보고서 98-4, 1998. 4.

Ⅱ. 외국문헌

Chan, Clayton, "Taxation of Global E-Commerce on the Internet: Theunderlying issues and Proposed Plans", Minnesota Journal of Global Trade 9(1), 2000.

Cigler, J. D., Burritt, H. C. and Stinnett, S. E., "Cyberspace: The Final Frontier for International Tax Concepts", The Journal of International Taxation, August 1996.

Clarke, Roger, "Electronic Commerce: Themes of the Last Decade, and the Next", the 10th Bled International Electronic Commerce Conference, June 1997.

EU, Commission of European Comminities, "A European Initiative in Electronic Commerce, Communication to the European Parliament", the Council, the Economic and Social Committee and the Committeeof the Regions, April 1997.

European Commission, 'A European Initiative on Electronic Commerce', COM(97) 157 final, 1997. 4. 15.

European Commission, "Global Information Networks: Ministerial Declaration", European Ministerial Conference at Bonn, 6-8 July, 1997.

GATT Secretariat, 『THE RESULT OF THE URUGUAY ROUND OFMULTILATERAL TRADE NEGOTIATIONS』, GATT Secretariat, 1994.

Goolsbee, Austan, "In a World without Broders: The Impact of Taxes on Internet Commerce", Quarterly Journal of Economics 115(2), 2000.

Goolsbee, Austan and Zittrain, Jonathan, "Evaluating the costs and benefitsof Taxing Internet Commerce", National Tax Journal 52(3), 1999.

Mattoo, A., Perez-Esteve, R. and Schuknecht, L., "Electronic Commerce, Trade and Tariff Revenue: A Quantitative Assessment", Blackwell Publishers Ltd., 2001.

Neuman, B. Clifford and Gennady Medvinsky(1997), "Internet payment service", pp.401-415 in Lee W. McNight and Joseph p. Bailey(eds.)Internet Economics, MIT Press: Cambridge, MA.

OECD, "Electronic Commerce: Taxation Framework Conditions", 1998. 10.

OECD, "Implementing the Ottawa Taxation Framework Conditions", Committee on Fiscal Affairs, OECD, Paris, 2000. 6.

Piazolo, Daniel, "The New Economy and the International Regulatory Framework", Kiel Working Paper No. 1030, March 2001.

Schmidt, Carsten and Muller, Rudolf, "A framework for micropayment evaluation", Netnomics 1, 1999.

Soete, L. and Bas Ter Weel, Globalization, "Tax Erosion and Internet", October 1998.

Stehn, J., "International Trade in Cyberspace: How to Tax Digital Goods", Journal of Economic Integration 18(2), June 2003.

The White House, 'A Framework for Global Electronic Commerce', 1997. 7.

Tomsett, Eric G., Mike Perkins and Andrew Nutman, "Taxation of Electronic Commrece: Ottawa Conference Indicates the Way Forward, Tax Planning", BNA International Inc., U.S.A., January 1999.

United Nations Conference on Trade and Development(UNCTAD), "BuildingCofidence-Electronic Commerce and Development", United Nations, Geneva, 2000.

U.S. Department of Commerce, 'The Emerging Digital Economy', 1998. 4.

U.S. Government Working Group on Electronic Commerce, 'Towards Digital eQuality', Second Annual Report, 1999. 12. 17.

Watanabe, Satoshi, "Electronic Commerce, International Taxation and Tax Administration", Hitotsubashi Journal of Economics 41(1), 2000.

World Trade Organization, "Global Electronic Commerce", WT/GC/W/78, 9February, 1998.

World Trade Organization, "Declaration on Global Electronic Commerce",

WT/MIN(98)/DEC/2, 25 May, 1998.

World Trade Organization, "Electronic Commerce and the Role of the WTO", Geneva, 1998.

World Trade Organization, "Minutes of Meeting", WT/GC/W/M/57, 14 September, 1998.

World Trade Organization, "Work Program on Electronic Commerce", WT/L/274, 30 September, 1998.

World Trade Organization, "Preparations for the 1999 MinisterialConference : Work Programme on Electronic Commerce, Communication from Indonesia and Singapore", WT/GC/W/247, at 2-3 July 9, 1999.

World Trade Organization, "Electronic Commerce in the WTO, Geneva", 2001.

不正アクセス行爲の禁止 等に關する法律(平成 11年 法律 第126號) (http://www.miti.go.jp/kohosys/topics/10000098/esecu02j)

Ⅲ. Internet site

관세청, http://www.customs.go.kr

국세청, http://www.nts.go.kr

국 회, http://www.assembly.go.kr

대외경제정책연구원, http://www.kiep.go.kr

도하개발아젠다, http://www.wtodda.net

산업연구원, http://www.kiet.re.kr

산업자원부, http://www.mocie.go.kr

산업자원부 전자상거래과, http://www.ecommerce.go.kr

삼성경제연구소, http://www.seriecon.seri.org

외교통상부, http://www.mofat.go.kr

재정경제부, http://www.mofe.go.kr

전자신문, http://www.etimesi.com

정보통신부, http://www.mic.go.kr

정보통신정책연구원, http://www.kisdi.re.kr

정부출연 연구기관 지식정보 DB(IKIS), http://www.ikis.re.kr

통계청, http://www.nso.go.kr

한국전산원, http://www.nca.or.kr

한국조세연구원, http://www.kipf.re.kr

한국전자거래진흥원, http://www.kiec.or.kr

한국전자거래협회, http://www.kcals.or.kr

OECD, http://www.oecd.org

WTO, http://www.wto.org

• 저자 •

박영기 • 약 력 •

단국대학교 상경대학 무역학과 졸업(경영학사)
단국대학교 대학원 무역학과 석사과정 졸업(경영학석사)
단국대학교 대학원 무역학과 박사과정 졸업(경영학박사)
동해전문대학 무역과 강사
관동대학교 무역학과 강사
한국방송통신대학교 강사
강릉대학교 무역학과 TI사업단 부단장
강릉대학교 사회과학대학 무역학과 및 경영정책과학대학원 전자상거래학과 강사

• 주요논저 •

「한국철강산업의 에너지 생산요소 대체가능성에 관한 연구」
「무역 관련 규칙에서 복합운송의 적용과 복합운송인의 책임한계에 관한 연구」
「WTO 보조금협정과 기업개선작업(Workout)하의 지원조치 특정성에 관한 연구」
「WTO국제규범과 우리나라 반덤핑제도와의 조화」
「전자 전송물의 국제거래에 대한 관세부과 방안 연구」
「한·미투자협정의 난제와 제언」
「중소지역 무역업체의 수출 애로요인과 수출활성화 전략」
「전자화폐를 이용한 디지털재화의 관세부과 메카니즘」
「한국의 선택: 한·미 자유무역협정 체결의 선결조건」
「인터넷 무역거래에서의 관세부과」
「한·미FTA 체결에 따른 문제점과 해결 방안」
『국제무역환경론』(공저)
『국제경제와 무역의 이해』(공저)
『산업피해구제와 대외무역법』(공저)

전자 전송물과 관세

• 초판 인쇄	2006년 6월 30일
• 초판 발행	2006년 6월 30일
• 지 은 이	박영기
• 펴 낸 이	채종준
• 펴 낸 곳	한국학술정보㈜
	경기도 파주시 교하읍 문발리 526-2
	파주출판문화정보산업단지
	전화 031) 908-3181(대표) · 팩스 031) 908-3189
	홈페이지 http://www.kstudy.com
	e-mail(e-Book사업부) ebook@kstudy.com
• 등 록	제일산-115호(2000. 6. 19)
• 가 격	13,000원

ISBN   89-534-5204-X 93320 (Paper Book)
        89-534-5205-8 98320 (e-Book)